2019 개정 누리과정에 기초한

유아미술교육

2019 개정
누리과정에 기초한

유아 미술교육

김정희 · 이용주 · 김정열 · 송 영 공저

ART EDUCATION FOR YOUNG CHILDREN

동문사

머리말

이 책은 유아미술을 공부하는 학생들과 현장의 교사들이 유아미술수업에 관련하여 다양한 아이디어를 활용하고 계획하며 실행할 수 있도록 도움을 주기 위해 만들어졌습니다. 이 책은 유아를 대상으로 미술교육을 하는 데 있어 필요한 모든 것을 담고 있으며, 학문 간 융합 트렌드에 맞는 실습수업을 보완·적용하려 노력했습니다.

유아미술은 유아와 함께하는 수업으로 제대로 수행하지 않으면 여러 측면에서 역효과를 불러일으킬 수 있으며, 불필요한 수업이 될 수 있습니다. 유아미술은 유아에게 가장 기본적인 교육 중의 하나라고 말할 수 있고, 앞으로도 지속적으로 교육될 분야이기 때문에 교사들은 끊임없는 노력이 필요합니다.

이 책에서는 유아미술의 기초부터, 다양한 유아미술 교육방법론 등을 제공하기 위해서 구성되었습니다. 'Part Ⅰ. 유아미술교육 이론'에서는 유아미술교육의 이론적 기초부터 유아미술치료의 이해까지 가장 기본적이면서 다양한 이론을 담았습니다. 'Part Ⅱ. 유아미술교육 실제'에는 미술기법을 활용한 활동부터 멀티미디어를 활용한 미술활동을 담았습니다. 총 13장으로 구성된 이 책은 교육자에게 가장 필요한 이론적 배경부터, 현장에서 바로 활용할 수 있는 실습수업까지 폭넓으면서도 가장 핵심적인 부분을 담았다고 할 수 있습니다.

교사들은 유아미술 수업을 통해서 많은 뜻깊은 의미를 찾을 수 있을 것이라 기대합니다. 그리고, 이 책을 통해서 교사들의 선한 영향력이 유아들에게 전해지길 바랍니다. 마지막으로, 본 집필 과정 중, 물심양면으로 지원해 주신 동문사 대표님과 실무자분들께 진심으로 감사드립니다.

2021.8.

저자 일동

차례

Part Ⅰ
유아미술교육 이론

Part Ⅱ
유아미술교육 실제

Part Ⅰ

유아미술교육 이론

Chapter

01 유아미술교육의 이론적 기초

학습목표

1. 미술에 대한 이해와 유아미술교육에 대한 개념을 정리할 수 있다.
2. 유아미술교육의 특징과 필요성을 다양한 관점에서 제시할 수 있다.
3. 유아미술교육의 목적과 교육적 가치를 유아의 발달영역별로 설명할 수 있다.

미술은 예술의 한 분야로 인류 역사와 함께 공존해 왔다. 그림, 조각, 건축, 공예, 서예 등이 미술의 유형이 되고 있다. 유아들에게 미술교육은 언어발달이 미숙한 시기에 오감각을 통하여 보고 느끼고 알고 있는 것을 표현하는 의사소통의 매개체가 되기도 한다. 이와 관련하여 유아미술교육의 개념과 유아미술교육의 필요성 및 특징에 대해 살펴보고자 한다.

1 유아미술교육의 개념

미술은 인간의 감정과 사고를 표출하는 시각적 표상활동이다. 유아를 위한 미술교육은 유아들을 전문미술가로 키우기 위한 교육이 아니며, 특별한 재능이 있는 특정 유아의 미적인 기술을 발달시키는 것을 의미하는 것도 아니다. 먼저 미술과 미술교육의 개념을 정리해보고, 유아미술교육에 대한 개념을 다양한 입장에서 제시하고자 한다.

1) 미술교육의 개념

미술은 예술의 한 분야로, 아름다움을 재현 또는 표현하는 여러 가지 기술을 의미하는 것으로, 아름다움에 대한 인간의 새로운 가치창조의 표현이며 기술이다. 즉 미술은 미적 효과를 가지는 조형활동과 그 활동에 의하여 만들어지는 작품을 통해서 아름다움을 느끼는 것으로 일정한 세계상(世界像), 인간상(人間像)을 미적(美的)이며 조형적(造形的)으로 표현하는 예술이다(심성경, 백영애, 이영희, 변길희, 박주희, 2018). 예술적 관점에서 미술은 순수미술과 응용미술로 구분할 수 있다. 순수미술이란 실용성이 없고 창작과 감상만을 목적으로 하는 미술로 예술적 가치를 독점적으로 하는 활동과 작품을 가리키는 개념이다. 대표적인 순수미술은 회화, 조각이 해당하는데, 서양화, 동양화, 회화, 판화, 조각 등이 있다. 응용미술이란 공예미술 전반, 장식미술, 디자인 등을 포함하며, 실용성을 목적으로 하는 점에서 건축을 포함시키기도 한다. 실용성을 위주로 미를 살린 조형활동을 디자인 또는 생활미술이라고도 부른다. 즉 우리가 일상생활에서 사용하는 물건을 제작할 때 아름다움을 가미한 것으로써, 의상, 자동차, 음료수병, 가전제품 등이 있다.

미술교육은 조형 활동을 통해 인격 형성을 목적으로 한 교육으로, 미술교육의 방향은 시대적 변화 및 사회적 요구에 따라 다양하게 변화되어 왔다. 과거에는 미술교육은 다른 주요 교과들에 비해 부수적인 학습으로 인지되어 왔다. 그러나 미술교육에 대한 많은 연구들과 실험 등을 통해 미술활동이 학습자의 창의성을 발달시키고 다양한 측면의 인지적 능력을 기르는 통합적인 능력을 발휘하게 해주는 것으로 인식이 전환되면서 활동의 중요성이 점차 강조되고 있다(민혜영, 유은석, 임경령, 2020).

2) 유아미술교육의 개념

유아미술교육이란 유아가 미술을 이해하고 감상하여 표현하도록 가르치는 것으로, 유아의 생활 속에서 미술을 발견하고 적용하여 주변 환경을 미적으로 개선하는 태도를 갖게 하는 것이다. 즉, 미술활동을 통해 유아에게 재미와 즐거움을 제공함으로써 삶의 활력소가 되는 교육을 의미한다(서울교대 미술교육연구회, 2010). 유아미술교육의 개념은 로웬펠드와 브리타인(Lowenfeld & Brittain, 1975; 심성경 외, 2018 재인용)이 설명한 두 가지의 견해를 통해 정리할 수 있다.

첫째, 미술철학의 관점으로 미술교육을 미술작품 자체의 생산을 위해 전개되는 창작교육으로 보는 입장이다. 창작을 위한 미술교육은 주로 전문인을 양성하는 미술대학에서 중요시하는 관점으로 특히 최종 작품을 가장 중요시하므로 미술에서 훈련기법을 강조하고 외관을 가치 있게 여긴다. 즉 미술작품을 만드는 창조적 기능과 미적인 태도를 기를 수 있는 능력의 배양에 목적을 둔다.

둘째, 미술교육 철학의 관점으로 미술교육을 미술을 통해 심미적 인간 양성을 도모하는 인간성 교육으로 보는 입장이다. 인간형성을 위한 미술교육은 전인적 교육을 본질로 하는 유아교육에서 중요시하는 관점으로 창의력 증진을 위한 창조의 과정을 강조하며 다양한 재료를 통해 다각적으로 실험해 보는 시도를 가치 있게 여긴다. 즉 미술의 표현과정과 감상과정 그 자체를 심미적 인간 형성의 과정으로 중시한다.

2 유아미술교육의 필요성 및 특징

유아미술교육은 유아의 심신 발달에 따라 미술활동을 통해 표현능력과 감상능력을 발달시키고 건강한 인격을 형성해 가게 하는 교육이라 볼 수 있다. 이러한 측면에서 유아미술교육의 필요성과 고유한 특징들을 정리하면 다음과 같다.

1) 유아미술교육의 필요성

미술교육은 느낌과 생각을 시각적 조형언어를 통하여 창의적 미술표현으로 발전시키는 예술의 한 영역으로 이를 이해하고 감상하는 과정을 의미하며, 유아기 교육에서 큰 역할을 할 수 있는 잠재력과 가능성을 지니고 있다(이수경, 2017). 유아미술교육은 유아의 자기표현에 대한 욕구를 시각적으로 표현할 수 있는 기회를 주어 창의성 촉진과 자아존중감을 높이고 감수성이 풍부한 생활을 가능하게 한다. 미술활동을 통해 경험하는 유아의 탐색활동과 자기주도성은 유아교육에서 중요하게 생각하는 전인발달을 촉진하는 데 원동력이 되므로 중요한 역할을 한다. 미술놀이를 통한 표현활동은 문자표현에 있어 한계가 있는 유아들에게 자신의 사고와 행동을 자유롭게 노출할 수 있는 기회를 주는 것으로, 의사소통의 매개가 된다. 유아가 참여하는 미술표현활동은 완벽한 결과물을 만들어내는 것이 아니라 표현과정 그 자체에 의미가 있다.

김현자, 서지영, 홍은주, 오지영, 조득현(2013)은 유아에게 미술이 필요한 이유를 다음과 같이 제시하였다.

① 표현력을 길러준다. 유아는 자신이 표현하고자 하는 생각과 느낌을 스스로 표현할 때 성취감을 얻는다. 이러한 경험은 자신의 능력에 대한 신뢰와 함께 더 발전된 표현 욕구를 드러낸다. 이러한 표현과정에서 미적 감수성과 즐거움을 느끼게 된다.

② 독립적인 작업능력을 길러준다. 미술활동에 필요한 다양한 재료를 탐색하고 창의적으로 재료를 활용하며 주도적으로 작업할 수 있는 기회를 제공하게 된다. 스스로 재료를 구성하고 자유롭게 표현하는 능력은 자신감뿐 아니라 창의성 발달을 촉진할 수 있다.

③ 사회성 발달을 돕는다. 유아가 미술활동 중 또래와 함께 재료와 생각을 공유하며 공동작품이나 개인의 결과물을 나타내는 과정에서 기다리기,

돕기, 나누기 등의 친사회적 행동을 습득할 수 있다. 미술경험을 통해 다른 사람과 긍정적인 관계를 맺게 된다.

④ 정서적 안정감을 도모한다. 유아는 자신의 감정과 생각을 능동적으로 표현해 가는 과정 중심의 미술활동을 통해 스트레스를 발산하며, 정서적 안정감을 유지한다. 미술활동과정에서 또래들과 협력하면서 즐거움과 자신감을 얻게 된다.

⑤ 학습의 기초태도를 형성한다. 학습적인 측면에서 칭찬받지 못해도 유아 개인이 가진 표현의 능력을 통해 칭찬받고 능력을 발휘할 기회가 주어질 때, 유아의 긍정적인 학습태도가 향상될 수 있는 계기가 된다.

⑥ 전인적인 발달을 돕는다. 유아가 재료를 선택하고 사용하는 가운데 눈과 손의 협응력을 기르며 또래와 즐겁게 참여하고 이야기를 나누는 과정을 통해 의사소통 능력과 사회관계 능력을 발달시키게 된다. 탐색, 표현, 감상의 미술 활동은 지적인 발달과 정서적인 발달을 통합적으로 가져온다.

2) 유아미술교육의 특징

유아미술은 이 시기의 발달특징과 고유한 성향으로 인해 성인미술과 다른 특징을 보인다. 이소은과 권기남(2020)이 제시한 유아미술의 특징을 살펴보면 다음과 같다.

- 유아미술의 표현특성과 기법은 나이에 따라 다른 특징을 가진다.
- 유아미술에서 복잡성의 정도는 아동이 성숙함에 따라 증가한다.
- 유아가 성숙함에 따라 전체적인 구성력에 대한 감각이 향상된다.
- 유아는 자신에게 가장 의미 있는 것을 과장하여 표현한다.
- 유아의 난화는 근육운동과 지각적, 시각적 만족에 의해 자극된다.
- 유아가 표현하는 시각 패턴은 나이에 따라 질서 있게 발달한다.
- 유아의 작품에서 나타나는 섬세함, 즉 '분화(differentiation)'의 정도는 '개념의 성숙'과 관련된다.
- 유아가 사용하는 형태, 색채, 구도 등은 그들의 개성 및 사회성 발달과 관련이 깊다.

- 유아의 표현은 문화적 성격에 따라 영향을 받는다.
- 유아가 가장 즐겨 다루는 미술의 주제는 얼굴(인물)이다.
- 유아가 미술을 표현하는 기능은 대체로 청소년기에 고정된다.
- 유아는 그려지는 형태의 부분적인 특성에 집중한다.
- 미술표현의 기능 면에서 성차는 크게 나타나지 않는다.
- 유아는 애매하고 추상적인 표현보다 선명하고 사실적인 표현을 선호한다.

3 유아미술교육의 목적 및 교육적 가치

유아미술은 유아가 가진 생각을 구체적인 작품으로 완성하는 과정에서 창의성을 기르고, 미술작품을 통해 다양성을 경험하는 가운데 전인적인 인간으로 살아가는 데 도움을 준다. 유아미술교육이 추구하는 궁극적인 목적과 유아미술교육의 교육적 가치를 다양한 발달 측면에서 정리하면 다음과 같다.

1) 유아미술교육의 목적

미술교육의 목적은 작품을 만들어 내는 데 있는 것이 아니고 유아의 성장 발달을 돕는 데 있다. 기계적이고 도구적인 관점에서 벗어나 미술을 통한 전인적인 인간 형성을 이루는 것이 미술교육의 기본적인 목적이 된다. 허버홀츠와 핸슨(Herberholz & Hanson, 1995)은 유아미술의 주된 목적은 시각적인 문화를 접할 기회를 제공하여 유아기부터 이에 대한 이해를 돕는 것이라고 보았다. 또한, 질 높은 미술교육을 통하여 아름다운 것 만들기, 민감성과 감상능력을 가지고 미술 작품 보기, 창의적으로 문제해결하기, 모든 교과에 미술을 통합 적용하기, 감정의 표출 및 정서 순화하기, 예민한 지각력 증진하기가 이루어져야 한다고 보았다. 자롱고와 스탬프(Jalongo & Stamp, 1997)는 감각에 의해 예민하게 지각하는 능력 및 상상력의 증진, 미술을 해석하고 생활 속에 미술이 기여하는 바를 이해하기, 미술적 기능 향상에 몰두하는 능력의 신장이 미술교육의 주된 목적이라고 하였다(이정욱, 임수진, 2017 재인용). 또한 유아들은 꽃병, 옷, 음료수병, 간판, 스마트기기 등 미술작품이 실생활에서 활용되는 사회에 살고 있다. 미술교육을 통해 생활 속에서 미술을 발견하고 미술을 사용하며 환경을 존중하는 태도, 즉 유아들을 현명한 미술 소비자로 기르는 것이 미술교육의 목적으로 포함된다.

유아미술교육자들에 따라 다양하게 제시되고 있는 미술교육의 목적들은 위에서 논의하였던 유아미술교육의 필요성과 관련지어 정리해 볼 수 있다. 즉, 유아미술교육은 다양하고 풍부한 감각적 경험을 통해 유아의 지각능력을 신장시키고, 시각적 이미지를 사용하여 자신의 생각 및 느낌을 창의적으로 표현할 수 있도록 하는 데 그 목적이 있다. 또한 주변 환경 속에서 유아가 시각적 요소와 그 관계를 이해하며, 이에 따라 시각적 즐거움을 주는 아름다움을 지각할 수 있는 눈을 가지고 생활 속에서 미술을 즐길 수 있도록 하는 데 그 목적이 있다.

유아미술교육은 유아교육이라는 큰 테두리 안에서 그 본질에 입각하여 방향이 정립되어야 한다. 즉, 통합적 전인교육으로서의 영유아 미술교육의 개념에 부합하는 미술교육의 실제가 이루어져야 하기에 유아중심, 놀이중심의 교육적 접근을 기본전제로 하는 것이 적절하다. 유아교육현장에서 이루어지는 외부전시를 위한 결과중심의 미술활동, 부모들의 높은 기대감에 부응하기 위한 교사의 개입, 유아교육기관의 홍보용으로 활용되는 작품에 대한 부담감에 의해 결과적인 표현물에 주력하게 되는 결과중심의 활동들은 지양되어야 한다.

전인적인 인간형성이 유아미술교육의 목적이라고 볼 때, 결론적으로 영유아의 미술적 경험은 정서적이고, 창의적이며, 심미적인 성향을 발달시키고, 통합적인 성격을 기본으로 하되, 결과보다는 과정에 역점을 둔 것이어야 한다. 즉, 영유아 미술교육은 통합적인 성격을 기본으로 영유아 중심의 접근과 정서적, 창의적, 심미적인 성향 발달을 위한 활동, 탐색과 표현과 감상이 통합된 활동, 결과보다는 과정 중심의 활동에 역점을 두고 접근되어야 할 것이다.

2) 유아미술교육의 교육적 가치

유아미술교육의 교육적 가치는 유아의 발달에 긍정적인 효과가 있다는 것이다. 각 발달영역별로 미술교육이 유아의 발달에 어떤 역할을 하는지를 살펴보면 다음과 같다.

(1) 신체 발달

미술교육은 유아의 신체 발달을 촉진한다. 신체 발달은 모든 발달의 출발점이다. 미술활동을 통한 표현과 경험은 유아의 시지각과 주의집중력을 촉진시키며 눈과 손의 협응력을 발달시키게 된다. 미술활동을 통해 유아는 지각능력이 발달되며 주변 환경의 특성에 보다 민감해진다. 지각은 감각기관을 통해 받아들인 감각 자료뿐만 아니라 자료를 통한 느낌이나 상상에 의해 머릿속에 떠오르는 시각적 이미지를 모두 포함한다(이정욱, 임수진, 2017).

반복적인 손의 움직임을 통해 재료를 선택하고 작업하는 과정에 신체 이동이 수반되며 대소근육 및 눈과 손의 협응력이 세련되어 간다. 미술활동을 통해 그리기, 만들기, 찢기, 붙이기, 구성하기 등 표현활동을 하면서 손과 눈의 협응이 증진되며, 신체를 움직이면서 자유로운 드로잉과 채색을 통해 운동기능이 통합되면서 신체능력이 향상된다(김수연, 2015). 즉, 미술활동을 통해 다양한 재료를 만지고, 탐색하고, 구성하는 경험의 과정에서 자연스럽게 유아의 신체적 발달을 촉진한다.

(2) 정서발달

미술교육은 유아의 정서발달을 촉진한다. '정서'란 사람의 마음에 일어나는 여러 가지 감정 또는 감정을 불러일으키는 기분이나 분위기를 말한다(국립국어원 표준국어대사전, 2020). 유아에게 미술은 미술 자체의 기능적 발달 외에도 인간에 내재되어 있는 개인의 감정과 정서를 표현하는 자아의 수단으로 사용될 뿐만 아니라 스트레스 해소와 욕구를 충족해 주는 등 다양한 의미를 가진다(신수진, 2019).

정신분석이론에 의하면 유아는 그림을 통해 내면의 감정 및 정서 상태에 맞추어 느끼는 것들을 표현하므로 유아의 그림표현이 개인의 정서, 개성과 관계가 있다고 볼 수 있다(심성경, 백영애, 이영희, 변길희, 박주희, 2018). 유아는 미술활동을 통해 자신의 감정, 아이디어, 생각 등을 표현함으로써 부정적인 감정을 자연스럽게 해소할 수 있게 되며 다양한 미술재료를 탐색하는 경험을 통해 기쁨을 느끼게 된다. 즉 미술활동을 통한 다양한 경험은 만족감과 성취감, 자신감과 용기를 주어 유아의 정서발달에 도움을 준다.

(3) 사회성 발달

미술교육은 유아의 사회성 발달을 촉진한다. 인간은 태어나면서부터 타인과 관계를 맺게 되며 사회적인 존재로 살아가므로 자신이 속한 사회에서 원만한 관계를 맺으며 지낼 수 있어야 한다(우혜진, 2012). 타인과 관계를 맺는다는 것은 언제나 갈등상황이 발생할 수 있음을 내포하고 있으므로 유아가 일상생활에서 일어나는 갈등상황을 원만하게 해결하는 기술을 기르는 것은 사회성 발달에 중요하다고 할 수 있다(서소정, 2006). 유아는 성장함에 따라 또래관계에서 점차 협상의 중요성을 알게 되고, 자신보다 능력 있는 또래와 논쟁을 하거나 갈등상황을 경험할 때 보다 향상된 협상 전략을 갖게 된다(우혜진, 2012).

미술재료나 도구를 혼자서 사용하기보다는 공유하고 공동작품의 결과를 도출해 가는 과정 등을 통해 공동체 의식을 함양시키게 된다. 이러한 협력적인 미술활동을 통해 문제해결을 위한 규칙을 발견하게 되고 문제해결 행동을 향상시켜 보다 사회적 문제를 쉽게 해결할 수 있다(강민정, 이명자, 2003). 또한 자신과 타인의 작품을 비교하며 감상하는 과정을 통해 타인에 대한 존중감과 협력하는 능력을 향상시켜 나간다.

(4) 인지발달

미술교육은 유아의 인지발달을 촉진한다. 지적 능력은 외부세계에 대한 지각 경험을 바탕으로 이루어지는데, 유아는 자신이 경험한 세계를 여러 가지 매체를 통해 표현해 내는 미술활동을 통해 인지발달을 이룰 수 있다(이소은, 권기남, 2020). 도화지 위에 크레파스로 그림을 그리는 매우 간단한 미술활동에도 선과 색의 배치, 그림의 구성, 3차원을 2차원 평면으로 변환하는 사고 등 많은 인지적 능력이 요구된다. 사실, 개념, 경험을 새롭게 재구성하고, 재창조하는 표현의 과정에서 문제해결 과정을 경험하도록 하며, 분석과 판단능력을 돕고 지식과 이해력을 확장시키도록 돕는다. 따라서 유아는 미술활동의 다양한 경험들을 통해 물리적 변화, 질감과 명암의 차이, 관계성 등의 인지적 측면의 발달을 이루게 된다. 다양한 공간(좌, 우, 위, 아래) 개념을 알게 될 뿐 아니라(심성경, 백영애, 이영희, 변길희, 박주희, 2018; Schirrmacher, 2014), 자신의 경험을 이미지로 재구성하는 표현의 과정에서 인지적 발달이 이루어진다.

무엇을 어떻게 그려내고 만들 것인지에 대한 목표를 세우고, 이에 대해 사고하고 대화하고 탐색하는 일련의 과정을 통해 유아들은 주의집중의 과정을 경험한다. 따라서 유아는 꾸준한 미술활동을 통해 자신의 인지 능력을 계속해서 신장시킬 수 있으며 주의집중력이 향상될 수 있다.

(5) 언어발달

미술교육은 유아의 언어발달을 촉진한다. 언어는 같은 문화권의 사람들끼리 의사소통할 수 있는 상징체계이다. 인간은 언어를 통해 상황에 맞게 자신의 생각과 느낌을 표현한다. 유아들은 미술활동을 통해 새로운 단어들을 습득하고 교사와 또래 간의 의사소통으로 언어발달을 향상시킨다. 미술활동은 감각을 통해 인식하는 미적 요소에 기초하여 아름다움을 경험하고 표현하며, 언어적 표현이 부족한 유아에게 감각 중심 미술체험은 즐거움을 줄 뿐만 아니라 적극적으로 자신의 감정과 생각을 표현할 수 있는 효과적인 의사소통 수단이 된다(민혜영, 유은석, 임경령, 2020).

다양한 미술적 경험은 읽기, 쓰기, 듣기, 말하기 등 영유아의 언어적 발달에 도움을 줄 수 있다. 즉, 미술활동은 왼쪽에서 오른쪽으로 읽는 방향감, 눈과 손의 협응력, 읽기와 쓰기 능력을 증진시키고, 모양과 형태를 보고 깨닫게 되는 시각적 통찰력을 발달시킨다. 또한 크기, 무게, 색, 촉감, 모양 등에 관한 용어 등 교사가 미술활동에서 사용하는 특별한 언어를 통해 구어발달에 도움을 준다(Mayesky, 1998). 교사나 또래와 무엇을 어떻게 하고 있는지에 대해 대화를 나누거나 다 끝난 후 자신의 작품에 의미를 부여하고 이야기하기를 즐기는 과정에서 다양한 어휘를 사용하는 의사표현을 경험하게 된다. 즉, 결과물에 대한 자신의 생각을 말로 표현하거나 글자로 써보고, 다른 친구의 작품을 듣거나 읽어보는 활동을 즐김으로써 자연스러운 언어발달이 이루어진다(심성경 외, 2018). 유아들에게 친숙하고 쉽게 접할 수 있는 미술작품인 그림책을 활용하여 자신의 생각과 감정을 자유롭게 표현할 수 있는 미술 표상 활동은 언어 표현능력을 향상시키는 데 효과가 있음이 나타났다(황선숙, 이혜숙, 고영옥, 2017).

(6) 창의성 발달

미술교육은 유아의 창의성 발달을 촉진한다. 창의성이란 자신이 갖고 있는 지식이나 축적된 경험을 바탕으로 새롭고 유용하며 질적으로 높은 수준의 아이디어, 가치, 행동, 산출물을 생산해내는 능력을 말한다(이은영, 2017). 창의성은 유창성, 융통성, 독창성, 상상력의 하위요소를 포함한다. 이 중 유창성은 특정한 상황에서 가능한 많은 양의 아이디어와 해결책을 산출해내느냐 하는 아이디어의 풍부함과 관련된 양적인 능력을 말하며, 융통성은 고정적인 사고방식이나 시각 자체를 변환시켜 다양하고 광범위한 아이디어나 해결책을 산출하는 능력을 의미한다. 독창성은 기존의 사고에서 탈피하여 희귀하고, 참신하며 독특한 아이디어나 해결책을 산출하는 능력이며, 상상력은 창의적 사고의 원동력으로 과거의 경험을 기초로 앞으로의 행동을 계획하도록 함으로써 새로운 표상을 만드는 능력이다(전경원, 1999).

창의성은 인간이면 누구나 갖고 있는 능력이지만 교육을 통해 계발이 가능하기 때문에(안정숙, 2007) 창의성 발달의 결정적 시기인 유아기에 창의성 계발을 위한 풍부한 교육적 경험을 제공하는 것이 필요하다. 이 가운데 미술활동은 행위 자체만으로도 내재된 생각, 상상, 감정 등을 표현하도록 이끌어주어 창의적 표현 욕구를 충족시킴과 동시에 창의성을 길러준다(지성애, 박찬옥, 유규종, 조형숙, 2010). 미술활동은 자신을 능동적으로 표현하는 활동이므로 인지중심 학습보다 창의성을 향상시키는 중요한 교육활동이 된다. 즉, 미술활동을 통해 유아는 미적 지각능력을 발달시키고 창의적으로 사고할 수 있게 된다. 미술의 속성 자체가 새로움을 지속적으로 추구하는 것이기 때문에 미술에는 절대적인 정답이 없다. 이러한 이유로 유아는 미술활동을 통해 창의성을 발달시킬 수 있다.

(7) 심미적 발달

미술교육은 유아의 심미적 발달을 촉진한다. 유아는 미술을 통해 아름다움에 대해 탐색하게 되고, 보는 즐거움을 느끼면서 유아 내부에 존재하는 미적 감각을 자극하고 미적 감수성을 길러내는 역할을 한다(이정욱, 임수진, 2017). 유아는 주변의 미술 자원을 탐색할 수 있는 경험과 다양한 색과 선, 형태로 표현하는 미술활동을 통해 작품을 더욱 즐기게 되는데 자신의 작품뿐만 아니라 자연물과 타인의 작품에 대한 반응을 적극적으로 하게 된다. 유아가 그리거나 만드는 대상과 자신이 사용하는 재료에 대해 민감해질수록 미적 감각 또한 예민해지고 환경에 대해 보다 섬세해진다.

이처럼 미술활동을 통해 주변의 요구에 대해 보다 나은 미적 판단을 할 수 있다. 이러한 과정에서 아름답다는 것을 깨닫는 순간 유아는 행복감을 느끼게 되고 미술을 생활 속에서 공유하고 감상하며 심미감을 발달시킬 수 있다. 일상 가운데 예술작품들을 감상하고 비교해 보면서 유아의 미적 감각은 보다 세련되어 간다. 마음속 깊이 감동을 주는 미술의 힘은 심미적인 차원에서 시작되며 예술적인 감수성을 유아기부터 능동적으로 형성해 간다고 볼 수 있다.

활동해 봅시다

1. 최근 생활 속에서 미적 감수성을 느낀 경험을 이야기 나누어 봅시다.

2. 내가 유아기에 경험한 미술과 관련된 활동에 대해 이야기해 보고, 그때의 생각나는 작품이나 활동 시 느꼈던 감정을 떠올려 봅시다.

3. 주변 유아들이 미술활동을 하는 모습을 관찰해 보고 발달영역별로 교육적 가치를 분석해 봅시다.

Chapter

02 유아미술교육의 역사 및 사상가

학습목표

1. 유아미술교육의 역사 및 사상가에 대해서 알 수 있다.
2. 다양한 역사적 이론과 관련 작품에 대해서 살펴볼 수 있다.
3. 유아미술교육의 대표적 사상가의 사상과 미술 이론 및 교육방법론 등을 알 수 있다.

본 장에서는 유아미술교육의 역사 및 사상가에 대해서 살펴보고자 한다. 유아미술교육의 역사에서는 선사시대, 르네상스 시대, 18세기, 19세기, 현대시대 등을 기준으로 다양한 역사적 이론과 관련 작품에 대해서 살펴본다. 유아미술교육 사상가에서는 유아미술교육의 대표적 사상가인 슈타이너(Steiner)부터 루돌프 아른하임(R. Amheim)까지 유아미술교육의 사상, 유아미술 이론 및 교육방법론 등에 대해서 살펴본다.

1 유아미술교육의 역사

유아미술교육의 역사에서는 선사시대부터 그 이후에 나타나는 미술 관련 기록과 자료에 대해 알아본다. 선사시대부터 현대까지 5단계로 구분하여 미술교육과 관련된 내용을 살펴보고, 유아교육 개념이 생겨난 18세기부터 유아미술교육에 대해 전반적인 맥락에 대해 살펴본다.

1) 선사시대

선사시대는 기록이 없는 역사를 말한다. 기록이 없는 역사 속에서 인간이 미술의 흔적을 남기기 시작한 시대는 기원전 25,000년경으로 추정 중이다. 선사시대는 구석기, 중석기, 신석기, 청동기, 철기시대로 구분할 수 있다. 시대를 거쳐 사용할 수 있는 도구가 다양해지고, 도구를 활용한 기록을 통하여 인간의 창의력과 그림이 발달되었다.

구석기 시대의 인간은 동굴에서 주로 생활하였으며, 동굴의 벽면에 동물의 모습을 그리기 시작했다. 예를 들어 '라스코 동굴벽화'처럼 인간이 그림을 그린 이유는 사냥을 할 때, 신의 도움을 필요하다고 생각했기 때문이다. 최초의 미술은 환경을 꾸미는 것보다 예측 불가한 힘을 통제하기 위해 출발했고, 짐승들의 형상과 그림이 초자연적인 힘을 가지고 있다고 믿었다.

그림을 그리는 대표적인 형식으로는 석탄과 같은 지워지지 않는 재료를 가지고 그림의 형태를 그리고, 다양한 색을 표현할 수 있는 흙을 활용하여 그림을 채색했다. 채색한 색료를 고착시키기 위해서 동물의 지방과 식물성 수지를 사용했다는 기록이 있다.

| 그림 2-1 | 소와 말(부분)
선사시대 프랑코 칸타브리아 기(BC 15000~10000년경)

2) 르네상스 시대

최초의 미술 아카데미는 르네상스 시대의 피렌체 지역의 디자인 아카데미였다. 이 시대의 미술교육은 예술적인 독창성보다 기량 전수에 비중을 둔 미술교육을 했다. 미술을 배우기 위해 아카데미에 입학한 학생들은 수학을 기반으로 원근법, 비례 평면, 조화, 및 입체 유클리드 기하학 등을 공부하였다. 이는 이론적 배경을 기반으로 한 미술교육을 위한 방법론이었다. 미술가는 보는 것과 그리는 것이 중요하다고 생각을 했지만, 심적 원리를 기반으로 한 능력이 필요하다고 생각했다.

르네상스 시대의 대표적인 화가는 마사초(Masaccio), 조각가는 도나텔로(Donatello), 선축가는 브루넬레스키(Brunelleschi) 등의 인물들로 시작되었다. 이들은 서로의 예술적 세계관에 잘 알고 있었고, 협업을 기반으로 한 하나의 새로운 미술 형식을 만들어내기도 하였다. 그 후에는 미술사에 있어서 가장 유명한 화가인 레오나르도 다빈치, 라파엘로, 미켈란젤로 등이 등장했으며, 미술사의 새로운 역사로 기록되었다.

마사초 브루넬레스키 도나텔로

| 그림 2-2 | 르네상스 화가

알베르티는 길드 체제하의 훈련이 높은 수준의 기술을 생산하는 것이 필수적이라고 생각했지만, 인문학적인 학식을 갖춘 교사를 배출하기에는 부적합하다고 생각했다.

르네상스 시대의 미술교육은 예술원 형태를 가지게 되었다. 미술이라는 학문적 지식 추구를 중심으로 미술 실기, 이론, 철학을 중심을 발전하게 되었으며, 교육과정으로는 미술과 해부학, 고전, 수학 등의 이론을 중심으로 구성되었다. 당시 미술이라는 학문의 지식 추구를 중점적으로 생각했고, 미술 실기, 이론과 철학을 중심으로 발전되었다. 당신의 교육과정은 미술과 해부학, 고전에 대한 탐구, 수학적 기반 형태를 발전시켰던 이론으로 구성되었다.

그 후, 레오나르도와 미켈란젤로가 예술적인 성공을 거두자 예술가들은 그들 내부의 상상력을 표현하는 데 노력하였고, 왕실에서 존경받을 만한 지위가 되자 기존의 교육 제도보다 포괄적인 개념의 미술교육을 했다.

그림 2-3 비너스의 탄생

보티첼리 1486년 제작. 캔버스 위에 템페라 172.5 ×278.5cm. 피렌체 우피치미술관 소장. 화면 왼쪽에는 서풍의 신 제프로스와 그의 연인이 비너스를 해안으로 인도하고, 오른쪽에는 바다의 거품에서 태어난 비너스에게 계절의 여신 호라이가 겉옷을 바치고 있다.

3) 18세기

로크(Locke)는 "몇 개의 선들로 표현할 수 있는 드로잉은 그 방법을 개발하면 매우 편리할 것이다. 작은 드로잉 기술에 의해 얼마나 많은 것들이 시각적 개념으로 바뀔 수 있다."라고 했다.

프랭클린(Franklin)은 "드로잉은 모든 사람들에게 편리함을 준다. 그래서 모든 사람은 그것을 배워야 한다. 그림의 모방과 원근법의 학습을 통하여 드로잉의 본질을 배워야 한다."라고 했다. 또한, "드로잉은 모든 국가의 사람들이 이해할 수 있는 보편적인 언어의 한 종류라고 말할 수 있다. 우리의 생각을 다른 사람들에게 전달할 때, 연필만 있으면 더 명확하게 설명할 수 있다. 그리고 더 많은 사람들이 아무리 적절한 단어를 활용하여 이야기하더라도 이해시킬 수 없는 언어의 형태라도 드로잉을 통해 쉽게 표현할 수도 있다. 드로잉은 기능공에게도 유용하다고 했다. 몇몇 수공예, 목공술, 조각술 외에 그 밖에 작업에서 미술은 필수적인 요소인 것이다. 일하는 사람들은 일하기 전에 자신의 생각을 드로잉으로 정리할 수 있으며, 일의 완성도를 높일 수 있는 수단이 되기도 한다."고 했다.

그러나, 프랭클린의 혁신적인 계획은 실행되지 못했다. 교육에는 실제적인 면을 강조했는데, 일반적으로 실행되지 못했지만, 19세기에 들어서는 다양한 학교에서 가장 두드러진 형태로 부상되었으며, 드로잉 교육은 수많은 학교 교육을 통해 진행되었다.

그림 2-4 남자의 누드

4) 19세기

산업혁명 이후, 대량생산으로 인하여 예술적인 특징이 감소되기 시작했다. 훈련된 디자이너가 사회적으로 필요하게 되고, 19세기에 들어서는 전문적인 미술교육기관이 설립되기 시작됐다. 미술기관에서 장인들을 양성하고, 미술을 산업에 활용하고자 했다.

페스탈로치(Pestalozzi, 1746~1827)는 일반교육에 해당됐던 소묘수업을 자신의 기초수업 과정에 포함시켰다. 그는 루소의 영향을 받아 자연의 현상을 최고의 모델이라고 생각했다. 그리고 자연을 최대한 사실과 같이 표현하려면 소묘의 기초적인 연습이 필요하다고 생각했다.

19세기에는 소묘가 독일 미술교육에서 독립된 영역으로 정착됐다. 명작의 모방의 숙련된 정보와 인체 묘사가 소묘 수업의 가장 핵심적인 수업 목표였다. 이를 위해 학생들을 지도할 수 있는 소묘방법의 많은 자료들이 개발됐고, 1871년에는 일반학교에서 필수과목이 되기도 했다.

그 후, 1972년에는 프로이센 지방의 초등학교 교육과정에 필수과목으로 지정되었다. 1875년에는 '초 · 중등학교의 소묘수업'이라는 책도 출간되었다. 미국에서는 영국 미술교사인 스미스와 페스탈로치의 미술교육 방법을 체계적이고, 합리적인 방안으로 제시하기도 했다.

프뢰벨(Fröbel)은 세계 최초로 유치원을 설립했다. 유아교육을 본격적으로 시작했으며, 교육내용이나 방법은 놀이와 작업 활동을 통한 교육활동이 대부분 미술적 요소인 것을 확인할 수 있다. 19세기에 들어 소묘 수업이 예술성과 무관하게 기능과 이론 위주로 교육이 되고 있지만, 묘사기능에만 가치를 부여하지 않았다는 것을 확인할 수 있다. 아이들이 소묘 활동을 통해 자신의 내적 경험을 표현하고 창의력을 신장할 수 있도록 해야 한다고 했다.

19세기 말, 심리학자들은 교육에서 아동의 자연스러운 발달을 중점적으로 둬야 한다고 주장했다. 이에 영향을 받은 교육철학자 듀이는 "아동은 환경에서 살고 있는 유기체이므로, 교육은 아동이 주어진 환경에서 문제를 발견하고 해결할 수 있도록 배려해야 한다"고 했다. 아동은 단순히 받아들이는 대상자가 아니라 능동적인 참여자로 보고, 아동중심의 교육이 이루어져야 한다고 했다. 이러한 결과, 20세기 교육에 변화를 초래하기도 했다. 러스킨(Ruskin)은 드로잉 교육에 미적 지각력이 계발되어야 하며, 미적인 환경이 아동의 미적인 안목을 형성시킬 수 있다고 주장했다. 이와 같이 10세기 후반부터 미술교육이 다양한 접근과 아동들의 그림에 대한 관심이 생겨났다.

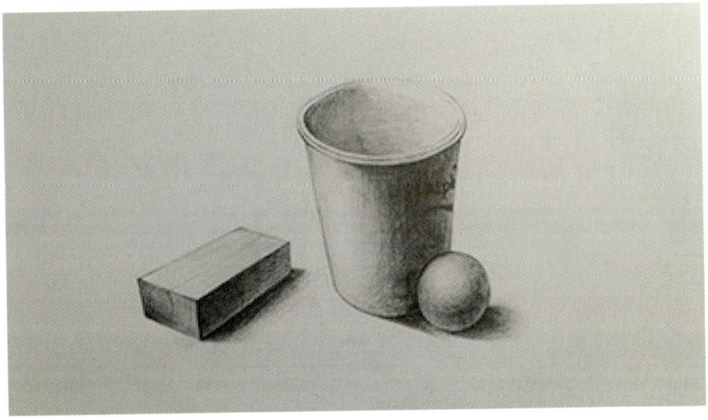

| 그림 2-5 | 기초소묘(학생 작품)

5) 현대

20세기에는 미술교육의 독립성을 강조하게 된다. 랑에(Lange)는 문화의 발전과 재발견 등을 위해 예술애호가들의 의식구조를 강조했다. 랑에는 흥미 유발을 중점으로 미술교육을 진행시키며 미적 감각이 신장되도록 유도하는 것을 추구했다.

스프링거(Spranger)는 시각적인 활동과 조형적인 활동을 통해서 지식과 사고력을 발달시켜야 한다고 주장했다. 듀이는 교육이 곧 생활이며, 교육은 연속적인 경험을 통해 이루어진다고 주장했다. 특히, 미국에서는 듀이의 교육철학에서 영향을 받아 미술교육이란 아동들의 창의적이고 잠재적인 면들을 이끌어야 한다고 주장했다. 오스트리아의 미술교육자인 치젝(Frank Cizek)은 미술교육의 목적은 미술가를 양성하는 것이 아니라 창의력이 자연적으로 계발될 수 있도록 하는 것이라고 주장했다. 브리티시(Britisch)는 예술적 수준은 아동의 경험을 통해 표현의 유사성에 의해 정해진 것이라고 했다. 또한 미술 교육자는 아동의 작품을 평가할 때, 아동의 수준을 생각하며 그에 맞게 평가해야 한다고 강조했다.

현대시대의 미술 교육에서는 새로운 시도는 예술 교육의 목표인 창의적 발달, 감성적 교육 등이 일반 교육과정에서 또한 강조되도록 했다. 1940년대부터 발간된 미술교육 관련 서적들은 창의성을 중요시했다. 창의성은 심리학이 실험적이고, 실증적인 방법으로 연구되도록 했다. 프로이트(Freud)와 융(Jung)의 영향을 받은 미술교육자 로웬펠드(Lowenfeld)와 리드(Read)가 있다. 특히, 로웬펠드는 아동의 조화로운 발달과 창의력 계발에 관심을 가졌고, 창의적 인간교육을 위한 매체로 미술을 활용했다. 1960년 중간 미국에서는 펠드먼(Feldman), 아이스너(Eisner), 맥피(McFee)의 미술교육자들이 미술의 본질적인 기능과 역할에 관한 이론을 제시했다. 이들은 1940~50년대에 확산했던 미술교육을 통하여 창의성 발달을 목표로 하는 미술교과의 독자적인 면을 강조해서 미술교육이 전개될 수 있도록 기초를 마련했다. 1970년부터 미술교육의 전문적인 수업이 강조되고, 미술시간에 작품의 제작활동을 통해 미학이나 미술사에 관한 이론들이 논의되고, 작품의 제작활동까지 반영되도록 했다. 포스트모더니즘, 다중지능 이론 등의 영향을 받은 미술교육이 다양한 미술교육 프로그램을 개발 및 적용되기 시작했다.

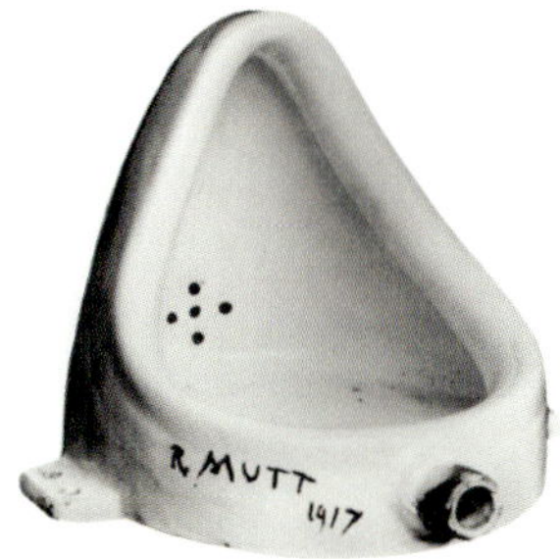

| 그림 2-6 | 포스트 모더니즘 작품
- 뒤샹의 〈샘〉

2 유아미술교육 사상가

유아들은 말과 그림, 행동을 통해서 자신의 잠재의식을 표현하게 된다. 유아들이 사용하는 말과 행동을 통해서 생각을 정확히 파악하기에는 어려움이 있다. 그러나, 미술을 통한 유아들의 표현은 그들을 이해하는 데 실제적인 도움이 된다. 유아미술에 대한 견해를 제시한 사상가의 이론을 제시하면 다음과 같다.

1) 슈타이너

슈타이너(Steiner, 1861~1925)는 발도르프 교육학의 창시자이다. 자연과학자, 예술가, 철학자, 문필가로서 다양한 학문을 아우르며 인간과 세상에 대해 총괄적으로 관찰할 수 있는 방법을 얻기 위해 노력했다. 인지학을 중요하게 생각했으며, 「신지학(1940)」이라는 책에도 잘 나타나 있다.

| 그림 2-6 | 슈타이너

인간에 내재되어 있는 신적이고 영적인 요소와 예술적인 이미지를 매체로 하는 수업을 통해 육성하는 교육을 강조했다. 즉, 교육방법 또한 예술적인 요소를 기초로 계획해 수업 전체가 예술적이어야 전인교육이 가능하다는 교육사상을 가지고 있었다.

(1) 발도르프의 인간관과 교육관

① 발도르프 인간관

인간은 네 가지 구성체를 지니고 있다. 모든 인간은 보호막으로 둘러싸여 있는 네 가지 구성체를 모두 가지고 있으며, 이들이 성숙해져 탄생하는 시기까지 보호막에서 충분히 자라날 수 있게 하는 것이 교육의 기본적 역할이다.

발도르프 인간관

- 신체는 광물계에 속한 것을 말한다.
- 생명체는 생성과 번식, 유전의 생명현상을 나타내는 생명력을 지배하는 것을 말한다.
- 감정체는 욕망이나 감정을 표출시키는 요소로 전·후, 좌·우의 움직임도 가능하게 하는 것을 말한다.
- 자아는 감정체를 통제하여 감정과 욕망의 표출을 세련되게 하고, 기억과 기질을 나타내도록 하는 것을 말한다.

② 발도르프 교육단계

슈타이너는 교육이 아동의 올바른 본성 인식에서 출발해야 한다고 했다. 인간에 대한 교육의 목적은 인간에게서 답을 찾을 수 있다고 했으며, 인간이 태어나서 성인이 될 때까지 약 7년 단위로 발달단계를 구분했으며, 단계별 교육과제를 제시했다.

슈타이너가 정리한 발달단계는 다음과 같다.

| 표 2-1 | 슈타이너가 정리한 발단단계

발달단계	내용
영유아기 (0~7세)	• 신체적 반응을 통해 아동은 세상의 모든 면을 배우게 된다. • 기억을 강요하게 되면 인간은 자기 삶의 형성에 있어 가장 중요한 요소인 의지를 성장시키지 못하게 되며, 이는 생명체를 충분히 성숙하지 못하도록 한다. • 생활습관과 언어, 도덕적 태도 등은 신체적 모방을 통해 배우도록 해야 한다. 이 경우, 부모와 교사는 모범적인 모방의 대상이 되도록 해야 한다.
아동기 (7~14세)	• 하나로 통일되어 있던 신체와 영혼, 정신이 아동기에 접어들어 분리되기 시작된다. • 사고력과 의지력이 감정의 영역에서 만나 상호 적응 단계를 거치게 된다. • 이 시기의 교육은 감정과 관련된 교육이어야 한다. • 아이들은 상상력을 통해 세계를 표상하고 인식해야 한다.
청소년기 (14~21세)	• 사춘기를 지나며 신체와 영혼, 정신의 세 요소가 더욱 정교하게 분리되어야 한다. • 이 시기의 주요한 본질은 정신적 요소로 추상적이고 개념적인 사고력이 발달하게 된다. • 사춘기까지의 아동은 인류가 축적한 많은 사고력을 기억 속에 쌓아두게 된다.

(2) 발도르프 예술교육

발도르프 학교에서 교육하는 모든 대상 및 주제는 예술적인 방법으로 학습되어 진다. 교사는 수업에서 예술적인 요소를 적절히 활용하여 다른 교과와 연관성을 찾아내어 아동들이 흥미를 가질 수 있게 해야 한다.

슈타이너의 예술교육을 살펴보면 다음과 같다.

| 표 2-2 | 슈타이너의 예술교육

교육방법	내용
형태 그리기 (Form Drawing)	• 몸의 움직임을 통해 형태를 만들어내고, 기쁨을 느낄 수 있어야 한다. • 인간의 운동 감각과 균형 감각이 형태 교육의 기초가 된다. • 형태 그리기는 다양한 주기 집중수업의 내용에 형태 그리기가 적절하게 사용되어야 한다.
오이뤼트미 (Eurhythmie)	• 일종의 신체 움직임으로 체조 또는 무용과 같다. • 감각을 통해 들어온 것은 머리로 전달하고, 머리를 통해 들어온 것은 몸과 마음에 골고루 전달되어야 한다(내적 순환). • 양쪽 두뇌를 고루 발달시키고, 신체의 균형 감각을 키워주기 때문에 신체장애와 지진아를 위한 치료법으로 널리 활용되고 있다.
수채화 (Watercolor)	• 아동들에게 어떠한 대상의 형태를 묘사하도록 하는 것보다 색에 대해 체험하는 것을 가장 먼저 하도록 했다. • 기본도형의 요소인 직각과 직선, 곡선 등은 형태 묘사를 통해 다루고 있다. • 아동들의 영혼에 대한 교육과 즐거운 과정 형성을 통해 창조의 원동력이 된다. • 특히, 7~14세 아동기 발달에 교육적 효과가 있다.

2) 로웬펠드

| 그림 2-7 | 로웬펠드

로웬펠드(Lowenfeld : 1903~1960)는 1903년 오스트리아 린츠에서 태어났으며, 맹아와 약시아 등을 가르치다가 1938년에 미국으로 이주하였다. 1939년 미국의 햄프턴 전문학교에서 근무했으며, 1949년에는 펜실베이니아 주립대학 미술교육과 교수로 재직했다.

(1) 미술교육의 사상과 발달단계

로웬펠드는 미술과 미술교육을 구분했다. 미술이 제작 결과물이 중요하다면, 미술교육은 과정이 중요하다고 했다. 또한, 유아의 성장 중 정신적인 부분과 창의적인 부분의 성장에 가장 주목했고, 성장을 달성하는 매개체로 미술이 중요하다고 했다.

로웬펠드의 사상적 배경

- 첫째, 경험주의적 심리학자였다.
- 둘째, 순수미술을 경험한 화가였다.
- 셋째, 인도주의 정신을 배경으로 삼았다.
- 넷째, 진보주의 철학을 배경으로 삼았다.

미술교육은 유아의 일반적인 발달단계를 정확하게 연구하여, 주제, 동기부여, 재료 등을 제공하는 것을 말한다. 또한, 적절한 미술교육을 위해서 일반적인 발달에 대한 이해가 있어야 한다.

| 표 2-3 | 로웬펠드의 미술표현 발달단계

단계	특성
난화기 (The Scribbling Stage) / 2~4세	• 무질서한 난화기에는 주변 환경감각이 접촉하면서 그 반응로 그림을 그리기 시작하고, 무의식적으로 표현하게 된다. • 조절하는 난화기에는 반복적으로 동작이 일어나며, 시각과 근육 활동 간 협응이 나타나고, 일정한 선의 반복이 나타난다. • 명명하는 난화기에는 무의식적인 접근이 의식적인 접근이 도면서 자신이 그린 그림에 이름을 정하기 시작한다.
전도식기 (The Preschematic Stage) / 4~7세	• 표현된 것과 대상과의 관계를 발견하기 시작한다. • 자신이 아는 것을 그리기 시작한다. • 반복을 통해 한정된 개념을 발달시키게 된다. • 그림을 그릴 때, 자기중심적으로 표현하게 된다.
도식기 (The Schematic	• 자신과 대상과의 관계를 공식화한다. • 공식화된 것을 도식화하여 표현하기 시작한다.

단계	특성
Stage) / 7~9세	• 중요한 부분을 과장해 표현하고, 중요하지 않은 부분을 생략하여 주관적인 관점에서 인물과 공간 개념을 표현하기 시작한다.
또래집단기 (The Gang Age) / 9~11세	• 또래 집단의 의사를 존중하기 시작하고, 도식에서 벗어나며, 세부 표현하기 시작한다. • 중첩과 기저선 사이의 공간을 인식할 수 있게 되며, 위에서 아래로 본 모습을 표현하기 시작한다.
의사실기 (The Pseudo-Naturalistic Stage) / 11~13세	• 사실적인 표현을 하려고 노력한다. • 시각형과 촉각형으로 표현하기 시작한다. • 원근감, 비례, 배경 등을 표현하기 시작한다.
결정기 (The Period of Decision) / 13~17세	• 환경을 창의적으로 받아들인다. • 시각형, 촉각형, 중간형으로 구분하여 표현하기 시작한다. • 시각형 : 외형, 명함, 원근, 비례, 배경 등 중시 • 촉각형 : 내적 정서의 표현, 색채, 공간 표현 등을 주관적으로 표현

(2) 미술교육의 동기부여와 지도 방법

로웬펠드는 유아가 조화롭게 전체적으로 성장하기 위해서는 발달단계를 이해해야 하고, 알맞은 지도가 이루어져야 한다고 했다.

로웬펠드의 아동미술지도 방법 특징

첫째, 동기부여뿐만 아니라 재료나 주제 등이 아동의 발달단계에 알맞아야 한다.
둘째, 베끼기나 본뜨기와 칠하기 그림책 같은 지도를 반대한다.
셋째, 제작 결과보다 과정을 중시한다.
넷째, 성인의 관점에서 바라보는 간섭의 배제를 말한다.
다섯째, 유아의 표현유형에 맞게 지도해야 한다.

3) 아이스너

| 그림 2-8 | 아이스너

아이스너(Eisner:1933~2014)는 예술적인 어머니와 사회주의적인 아버지의 영향을 받아 사회의식을 싹틔울 수 있었다. 추후, 루스벨트 대학의 신진보수주의 교수들과의 교류를 통해 새로운 의식을 갖게 되었다.

(1) 미술교육의 사상적 배경

① 본질주의 교육철학과 학문중심 교육과정의 영향

아이스너의 미술교육에서 기본 훈련학습과 훈련학습에 따라서 교사의 역할을 중요시한 것은 본질주의 교육철학의 영향 때문이다.

② 지각 심리학의 영향

아이스너는 지각 심리학을 중심으로 아동 미술표현을 보는 관점을 네 가지로 요약했다.

지각 심리학의 영향

첫째, 유아의 지각능력은 학습과 경험에 영향받게 된다.
둘째, 유아의 시·지각능력과 미술에 관한 지식에서 미술표현 능력이 발달하게 된다.
셋째, 지각의 준거 틀 또는 시각적 지식 등은 유아의 지각에 영향을 미치게 된다.
넷째, 유아의 지각 발달의 특징은 집중성이라고 말할 수 있다.

(2) 교육과정에 대한 관점

① 교육과정의 정의

교육과정이란 학생들에게 교육적인 경험을 제공하기 위해 연속적인 활동으로 개발된다.

② 미술과 교육과정 개발

미술과 교육과정에 대한 아이스너의 견해를 다섯 가지로 요약했다.

아이스너의 미술과 교육과정 개발

첫째, 제작과 감상에서의 미술적 태도는 환경에 의해 바뀌게 된다. 교사와 교육과정은 효율적인 미술학습에 중요한 요소이다. 미술능력은 학습을 통해 발달하게 된다.
둘째, 미술과 관련된 개념적 학습이 필요하다. 미술에 대해서 역사적, 문화적 측면으로도 교육이 이루어져야 한다.
셋째, 제작 결과에 중요성을 부여한다. 제작 결과물을 이용해 학생이 학습한 것과 관련한 지도가 이루어질 수 있다.
넷째, 학생들에게 보는 방법을 가르쳐야 한다. 제작하는 것과 마찬가지로 미술을 이해할 수 있도록 교육해야 한다.
다섯째, 미술은 독자성을 가지고 있다. 미적 시각의 육성을 미술교육에서 교육해야 한다.

(3) 아동 미술표현에 대한 관점

아이스너는 교육환경의 중요성을 강조했다. 학습의 효과는 교육의 환경과 수업의 질에 의해 높아진다고 했다. 아동의 발달 가능성을 높이는 학습환경으로는 가정, 사회, 학교를 이야기하고 있다. 특히, 교육이 체계적이고, 조직적으로 이루어질 수 있는 곳은 학교라고 이야기했다.

(4) 미술과 미술교육 대한 관점

아이스너는 미술의 본질적이고 독자적인 특성에 맞춰 미술교육이 이루어진다고 이야기했다. 적절한 기능 지도의 필요성에 역점을 주고, 미술의 본질이나 표현의 전달성과 상상력의 표현 등에 집중해서 미술의 독자성을 강조했다.

미술에 대한 관점으로는 미술이 하나의 독립된 교과임을 주장했다. 미술교과는 인간의 경험과 문화를 비추는 고유한 성질을 가진 교과라고 말했다. 미술교육에 대한 관점으로는 미술교육의 중요한 공헌은 본질과 관련되어 있다. 일반적인 미술교육의 목적은 미술의 독자성을 말한다.

4) 듀이

| 그림 2-9 | 듀이

듀이(Dewey, 1859~1952)는 미국의 교육사상이며, 유아교육에서 철학적 기초를 형성하는데 기여했다. 실용주의를 대표하는 교육상으로 진리의 절대성, 관념론적 상징주의를 비판했다. 실제로 유용한 지식과 교육의 중요성을 강조했고, 교육에 적용했다.

(1) 진보주의 교육사상과 유아교육

진보주의 교육사상은 개인의 자기표현과 자기활동을 키워준다. 듀이는 '교육은 경험 안에서, 경험에 의하여, 경험을 위하여 이루어지는 발전이다.'라고 했다. 아동의 경험을 교육과정 계획 시, 출발점으로 삼아야 한다는 원리는 프뢰벨의 교육과정과 상반되는 의견을 가지고 있다.

(2) 교육관과 예술관

듀이는 '교육은 아동의 능력, 흥미, 습관의 심리학적 통찰부터 시작해야 한다. 교육은 모든 점에서 이러한 고찰을 통해 통제되어야 한다. 이러한 능력, 흥미, 습관은 계속적으로 분석하여 그것들이 무엇을 의미하는지 알아야 한다.'고 했다. 경험은 예술 활동으로 구체화, 심화되며, 예술을 예술적 체험에 국한되지 않고 일반적인 의미에서 인간의 형성을 귀한 경험 작용으로 파악했다.

5) 허버트 리드

허버트 리드(Herbert Read, 1893~1968)는 시인, 미술 비평가, 예술교육이론가였다. 그는 아동미술에서 보이는 이미지들의 보편적인 양상과 융의 심리학에서의 전형적인 상징들을 동일시했다. 리드는 미술교육의 목적은 개인

┃그림 2-10┃
허버트 리드

과 사회의 조화에 있다고 했다. 예술성의 함양과 과학과 예술의 조화에 있다고 했다. 또한, 창의적인 표현능력을 발전시키도록 하며, 미술작품의 감상도 교육적으로 중요하다고 했다.

리드의 미술교육에서는 손을 활용한 기술과 감각 활동의 교육을 강조했다. 자신의 감정 발산을 통해 다양한 자기표현의 기회를 높여주게 된다. 또한 감성이 충분히 발휘되고, 구체적인 감각 활동의 교육으로 작용할 수 있다고 말했다.

┃표 2-4┃ 허버트 리드의 아동미술 단계별 특성

단계	특성
낙서 시기 (scribbling) / 2~4세	• 낙서 시기의 특징은 네 단계로 정리할 수 있다. • 맹목적인 낙서는 아무런 의식이나 목적 없이 마구 휘저어 만드는 행동의 결과물을 말한다. • 유목적 낙서는 맹목적인 낙서에서 어떠한 목적이 생기고, 나름대로 그림을 그린다는 의미를 부여한 것을 말한다. • 모방적 낙서는 의식적으로 사물을 묘사하는 행동을 말한다. • 국부적 낙서는 사물을 점차적으로 묘사하려는 뜻을 가지고 있다.
선묘 시기 (line stage) / 4세	• 시각적인 조절이 발달하며 사람의 모습을 그리는 시기를 말한다. • 원과 선을 활용하여 사람을 표현하게 된다.
묘사적 상징기 (description symbolism) / 5~6세	• 모양은 정돈되며, 소박한 상징적인 낙서를 하는 시기를 말한다. • 아직 미숙하고 묘사력이 부족하여 상징적 도식으로 표현하게 된다. • 자기중심적인 사고가 지배하고 있어 느낀 대로 형태는 만들게 된다.
묘사적 사실기 (description realism) / 7~8세	• 사물을 보고 그릴 수 있는 정도로 대상을 인식하게 된다. • 주관적인 지식과 기억하고 있는 것을 그리게 되는 시기이다. • 대상물 중 관심이 가는 것을 묘사하는 대상으로 선정하게 된다.
시각적 사실기 (visual realism) / 9~10세	• 자연물을 대상으로 흥미가 생기며, 사물에 대한 관찰력이 예민해지는 시기이다. • 대상물을 닮게 그리려고 하며, 2차원 표현에서 3차원 표현으로 발전하는 시기이다.

단계	특성
억압의 시기 (repression) / 11~14세	• 그림 그리기를 싫어하게 되며, 그림보다는 언어 매체로 흥미를 돌리는 시기이다. • 자신의 그림을 통해 객관적인 사실을 추구하게 된다.

6) 구디너프

┃그림 2-11┃
플로렌스 구디너프

구디너프(F. Goodenough, 1886~1959)는 아동 미술을 개념형성과 일반적인 지적 능력의 지표라고 주장했으며, 구디너프의 박사 논문에서는 어린이 미술과 지적 능력을 직접적으로 연관시켜 연구를 진행했다. 생후 1개월부터 취학 전 아동의 그림을 분석한 결과, 그림과 지능이 많은 관계가 있다고 결론을 내리게 되었다. 미적인 측면을 포함할 경우, 주관적으로 판단될 수 있으므로, 미적인 측면을 배제할 경우, 상관성이 높게 나올 수 있다고 했다. 미적 반응을 통제하고 인물화를 그릴 경우, 표현 요소들을 점수화하고 평가 기준에 따라 객관적인 점수를 다른 지능 검사와 비교하였을 때, 높은 상관성을 도출했다.

특히, 아동의 그림을 지적인 성숙을 판단하는 자료로 생각했다. 지적 성숙은 아동들이 획득한 개념형성의 수준으로 보았기 때문이다. 개념을 형성하는 능력은 아동이 특별한 그룹에서 상이성과 유사성의 인식을 필요로 하는 지적인 능력이라 했다. 이와 같은 특성을 구분하고, 특성을 이해할 수 있다면, 그 대상의 개념을 형성했다고 할 수 있다는 관점이다.

7) 알슐러와 해트윅

알슐러(R. Alschuler: 1887~1979)와 해트윅(L. Hattwick: 1909~)은 인성적 특성이 아동들의 그림에 중요한 영향을 준다고 주장했다. 아동에 대한 관점은 미술치료와 심리학적 진단을 위한 자료로 미술을 이용하는 관점과 유사하다고 할 수 있다. 개인적 미술은 개성을 표현하기도 한다. 아동들의 그림에 관한 연구에서 사회적 행동 속에서 드러나는 아동의 인성과 그림 속에서 표현된 내용과 형태 사이의 관계를 규명하려고 시도했다. 아동은 성숙함에 따라 그들의 그림 속에 직접적인 정서 용어로 자기를 표현하는 데 관심을 갖고, 점차 문자적 표현으로 자신의 관심을 옮긴다고 했다.

아동들이 사용하는 재료의 유형이 만들어낸 표현유형에도 영향을 미친다고 했다. 자신의 생각을 표현하는 데 있어, 적당한 재료가 있지만, 다른 재료가 감정을 표현하는데 적당하다고 생각을 하게 되면, 생각보다 인성을 반영하는데 적절하므로, 그림이 개인의 인성을 연구하는데 효과적인 작용을 할 수 있다고 주장했다.

8) 마이어

마이어(N.C. Meier, 1893-1967)는 예술적 재능 여부를 기준으로 아동들을 연구하여 창의적 능력에 관한 연구를 했다. 그는 체질적으로 축적된 유전인자의 중요성을 강조했다. 미술 적성에 영향을 미치는 여섯 가지 요인으로 미술 능력과 미술 적성을 유전적 특성 및 환경적 조건과의 상호작용으로 생각했다.

마이어의 관점은 여섯 가지 요인으로 구분할 수 있으며, 유전적 요인과 환경적인 요인으로 나눌 수 있다. 유전적 요인은 손재주 · 인내력 · 지능이 있으며, 환경적인 요인은 지각능력 · 창의적인 상상력 · 미적 판단 등이 있다. 또한 유전 형태는 친척들의 유전적 기여와도 관계가 깊은 것으로 보고 있다. 특히, 마이어는 유전과 환경으로 상호작용의 중요성을 강조하기도 했다.

9) 맥피

| 그림 2-12 | 맥피

맥피(J. K. Mcfee, 1917~2008)는 오리건 대학교의 명예 교수로 아동을 대상으로 한 미술교육의 접근방법으로 주체의 사회학적인 측면을 강조했다. 교사의 역할은 아동들이 발상을 하기 위해서 자신의 내부와 더불어 외부도 통찰할 수 있게 도와야 한다고 했다. 그 후 착상을 비교하고 연관시켜 조직화하도록 해야 한다고 했다.

맥피의 저서인 「예술을 위한 준비(Preparation for Art)」에서는 행동주의적 과학을 바탕으로 둔 접근을 통해 미술의 실제적인 면 외의 측면들을 학문적으로 강조했다. 행동주의 과학에서 말하고 있는 개념 및 이론을 적용해 미술에서 일어난 것들을 설명하려고 노력했다. 그 후, '지각 묘사이론'을 정립했다.

구분	내용
아동의 준비도	• 아동의 지각적 발달, 신체적 발달, 지능, 반응 기제를 포함하여 획득한 문화적 능력과 같은 요인들이 포함된다.
심리적 환경	• 환경 속에서 도움과 억압 정도, 보상과 처벌 정도를 동일시하는 것을 포함한다.
정보의 처리	• 세부적인 것을 다루는 능력, 지능, 비대칭적인 세부를 다루는 능력과 지각을 조직하는 능력의 범주에 의해 영향을 받게 된다.
묘사하는 기능	• 형태의 특성을 파악하고 구성하는 능력이나 매체를 다루는 능력, 혹은 창의력 등을 포함하게 된다. 이러한 요인들은 모든 인간 활동에 영향을 미치게 된다.

10) 루돌프 아른하임

| 그림 2-13 |
루돌프 아른하임

아른하임(R. Amheim, 1904~2007)은 지각적 분화과정을 통해서 지각이 성장함을 강조한고 있다. 지각적 분화과정을 통해 아동들은 자신이 지각한 대상에서 2차원의 구조적 등가물을 창조하게 되며, 사실적 형태가 점차적으로 분화하는 과정을 거치게 된다.

아동의 경우, 자신들이 아는 것을 그리지 않고, 보는 것을 그린다고 주장했다. 게슈탈트 이론을 배경으로, 지각은 분화과정에 따라 전체에서 부분적으로 발달한다고 주장했다. 지각 과정은 자연적으로 유기체에게 주어진 것으로 아동의 지각적 능력은 성숙을 통해 점차 발달하고 분화되게 된다. 아동이 미술 활동을 통해 그린 단순화된 도식들은 아동들의 지각능력이 반영된 결과물이라고 말할 수 있다.

활동해 봅시다

1. 미술교육의 역사를 살펴보고 각 시대의 영향을 받은 미술교육 프로그램 사례를 선정해 발표해 봅시다.

2. 미술교육의 사상가들을 살펴보고 각 교육과정에 있어서 교사의 역할을 분석해 봅시다.

3. 유아의 나이에 따라 미술교육이 다름을 파악하고, 나이에 따라 유아의 올바른 교육이 이루어질 수 있도록 정리해서 발표해 봅시다.

Chapter

03 미술교육과 유아발달

학습목표

1. 유아미술교육의 이론을 이해할 수 있다.
2. 유아미술 발달단계를 나열할 수 있다.
3. 유아 미술표현을 이해하고 기술할 수 있다.

1 유아미술교육 이론

유아에게 미술을 지도하고 교육하는 교사는 미술교육의 이론을 바탕으로 유아의 미술활동을 촉진시켜야 한다(Eisner, 1972). 이는 교사가 유아의 미술발달을 위한 미술교육을 계획하고 실행하기 위해서는 유아미술교육의 이론에 대한 정확한 이해가 선행되어 있어야 함을 의미한다. 이 장에서는 유아미술교육을 위한 이론으로 정신분석이론, 인지이론, 성숙주의이론, 지각이론, 다중지능이론을 살펴보고자 한다.

1) 정신분석이론

정신분석이론은 프로이트(Freud)의 심리학적 이론을 배경으로 하며 인간이 느낀 것을 그린다는 관점이다. 프로이트는 인간의 마음을 무의식, 전의식, 의식의 구조로 나누었다. 무의식은 인간이 인식하지 못하는 곳으로 접근이 어렵다. 전의식은 현재는 인식하지 못하더라도 주의를 기울이면 인식할 수 있는 것이며, 의식은 현재 인식이 가능한 범위를 나타낸다(Freud, 1926). 프로이트는 무의식을 가장 강조하였는데, 무의식은 우리가 인식하지 못하는 경험, 기억 등을 가지고 있기 때문에 행동하는 의식 영역에 영향을 미친다고 하였다.

정신분석이론에서 그림은 생각과 느낌을 표현할 수 있도록 하는 도구이다. 특히 유아를 대상으로 하는 미술표현은 심리·정서적 발달과 밀접한 연관을 가진다고 보기 때문에 교사는 유아의 그림을 보고 유아의 무의식적인 감정표현에 관심을 가져야 한다. 그러므로 유아가 그린 작품에서 나타난 심리·정서적 요인을 확인하는 것이 중요하며, 그 순간의 무의식적 표현이 어떤 방향으로 발산되는지에 초점을 맞춰야 한다. 이처럼 정신분석이론에서 유아의 그림을 살펴보는 방법은 유아의 심리·정서적 발달과 그들의 작품과 관계성이다.

정신분석이론가들은 유아의 작품이 일반적 발달의 개념과 그들의 지식이 반영된다기보다 내면의 깊은 무의식에 있는 감정을 그림을 통해 표현하는 것이라고 본다. 예를 들어 동생이 태어났을 때 엄마와 동생을 가깝게 그리고 자신을 멀리 그리거나, 유치원에서 특히 자신이 좋아하는 친구들이 있을 때 자신과 가깝게 그리거나 다른 친구들보다 크게 그리기도 한다. 또한 아빠에게 혼이 난 다음에 아빠를 크게 그리고 입을 크게 강조하며 자신은 작게 그린다. 이와 같은 그림의 특징은 유아가 본 상황을 객관적으로 그리지 않고 상황에서 느낀 내면의 감정이 표현된 것으로 볼 수 있다. 이와 같은 감정표현은 유아가 그린 그림의 모양뿐 아니라 색, 선 등 다양한 방법을 통해 드러날 수 있다.

유아는 자신의 생각이나 느낌을 언어로 표현하는 것을 힘들어하는데, 특히 감정을 나타내는 것을 더욱 어려워한다. 이때, 유아의 그림은 무의식적인 표현이 많이 나타나며 내면을 충분히 드러낼 수 있는 좋은 방법이 된다. 따라서 정신분석이론에서 그림은 유아의 무의식을 의식화해주는 긍정적인 수단이 된다. 즉 유아는 그림을 통해 자신의 무의식적인 감정, 생각, 느낌을 표현할 수 있고 억압된 자아를 표출한다. 아래의 그림은 유아의 감정을 표현한 그림이다.

유아는 친구와 싸우고 난 후 화나는 감정을 표현하였다. 이처럼 유아는 그림을 통해 정서를 표현할 수 있다. 또한 유아에게 가족화를 그리도록 하면 유아가 느끼고 있는 가족에 대한 정서를 간접적으로 알 수 있다.

이와 같이 정신분석이론의 학자들은 유아가 그린 그림을 분석해서 유아가 현재 느끼는 감정과 성격 등을 분석할 수 있다고 강조한다. 즉 다양한 미술 경험이 유아의 정서 표현 및 감정 해소에 매우 효과적임을 의미한다. 유아의 그림에서 정신분석이론을 활용할 수 있는 부분은 다음과 같다.

첫째, 심리치료나 임상심리에서 사용될 수 있다. 유아의 그림을 통해 심리를 파악하고 이해하는 과정을 통해 다양한 심리치료 방법과 심리 검사 방법을 개발하고 적절하게 활용할 수 있다.

둘째, 유아의 감정 표출에 활용될 수 있다. 다양한 미술표현은 유아 내면의 부정적 감정을 적절하게 해소할 수 있도록 한다. 또한 정서적 표현인 즐거움, 행복함, 흥분됨, 안정됨 등의 감정이 충분히 발산될 수 있도록 한다.

2) 인지이론

인지이론은 피아제(Piaget)의 인지발달이론에 근거를 두고 아는 것을 그린다는 관점에서 유아의 그림을 바라본다. 피아제는 유아의 사고는 성인과는 다른 발달 특성을 가지며 감각운동기, 전조작기, 구체적 조작기, 형식적 조작기의 단계를 거쳐 발달한다고 보았다(Piaget, 1959). 이러한 맥락에서 볼 때, 유아기의 그림은 성인의 그림과는 다르다는 것을 강조하며 각각의 발달단계에 맞춰 아는 것을 그림으로 그리게 된다고 하였다.

피아제는 유아의 인지발달과 동일하게 미술발달에서도 단계적인 발달이 존재함을 설명하였다. 즉, 유아의 그림은 피아제가 말하는 인지 구조인 도식에 해당한다. 유아가 환경에 적응하면서 생겨나는 정신의 구조가 그림으로 표현되는 것을 의미한다. 감각운동기 시기 영아는 끄적거리는 것으로 그림을 표현하고, 전조작기 유아는 원, 세모, 네모 등의 도형과 선을 이용해 사물을 표상할 수 있게 된다. 구체적 조작기 아동은 도식 그림을 그리며 표상하게 되고, 형식적 조작기가 된 아동은 사실적인 그림을 그리게 된다. 이처럼 인지발달이론가들은 유아의 그림은 지능 발달과 밀접한 관계가 있다고 설명한다.

인지이론에서 유아는 인지적으로 발달하는 과정에 있으므로 그림 또한 점차 객관적이고 사실적이게 변화된다고 본다. 유아의 그림에서 부정확한 표현방법이나 혼란스러운 상황이 발생한다면 이는 자신을 둘러싼 세계에서 사물을 인식하는 능력이 아직 충분하게 발달되지 않았기 때문이다. 예를 들어 유아가 집에 있는 사람을 그릴 때 집에 있는 사람들의 모습을 훤히 보이게 그리는 투사적 방법으로 표현하기도 한다.

이러한 그림의 특징은 유아가 사물과 상황을 바라볼 때 구체적이며 객관적으로 이해해가는 과정 안에서 세부적이며 사실적으로 묘사하는 표현 능력을 기르게 됨을 의미한다.

유아의 그림을 인지적 관점으로 바라본 구디너프(Goodenough)는 유아의 그림을 통해 유아의 비언어적 지능검사를 진행할 수 있다고 보았다. 구디너프가 말하는 지능의 개념은 지적인 성숙과 개념적인 성숙의 의미를 지닌다(Goodenough, 1926). 구디너프는 유아들이 그림을 표현하는 목적에 관심을 가졌고 심미적 표현이 아닌 인지적 표현에 중점을 두었다. 이를 근거로 Draw-a-Man의 사람 그림 검사를 개발하였다.

또한 레지오 에밀리아 접근법에서도 유아가 시각적인 표상을 통해서 자신이 알고 있는 것, 느끼고 상상한 것, 관찰한 것과 같은 중요한 아이디어를 그림을 통해 표현할 수 있다고 본다. 이는 유아가 자신이 알고 있는 것을 언어적으로만 표현하는 것이 아니라 그림이라는 시각적인 표상을 통해 더 풍부하게 설명하고 표현할 수 있다는 것을 나타낸다.

3) 성숙주의이론

성숙주의이론은 1960년대까지 유아미술교육의 큰 줄기로 발전되었다. 이 이론의 대표적인 학자는 로웬펠드(Lowenfeld)와 켈로그(Kellogg)이며, 유아의 미술발달은 선천적이며 유전적인 능력에 의해 이루어진다는 것을 주장하였다.

성숙주의이론가들은 유아가 가지고 있는 선천적이며 유전적인 능력을 통해 발달한다고 보았다. 같은 맥락에서 미술표현 또한 유아가 가지고 있는 예정된 발달의 순서가 있고 이에 따라 단계적으로 성숙한다고 보았다(Lowenfeld, 1947). 이러한 성숙의 과정은 유아가 미술적 재능을 스스로 발전시킬 수 있는 힘을 가지고 있다는 것을 의미한다. 따라서 유아는 자기가 표현하고 싶은 것을 충분히 자유롭게 그리면서 자기 교수적 방법을 통해 창의성과 미적 감각과 같은 미술적 발달을 이룬다고 볼 수 있다.

로웬펠드와 켈로그는 연령에 따라 그림이 발달한다고 주장하며 단계를 구분하였다. 로웬펠드는 미술발달의 단계를 난화기, 전도식기, 도식기, 또래집단기, 의사실기, 결정기의 6단계로 나누었으며, 켈로그는 난화 단계, 도형의 출현 단계, 도형의 정교화 단계, 초기 회화 단계의 4단계로 나누었다. 이와 관련된 부분은 2장 유아미술 발달단계에서 자세하게 살펴보겠다.

4) 지각이론

지각이론의 배경은 게슈탈트 심리학으로 사물을 바라보는 방법에 관심을 가지며, 전체를 지각한 다음에 세부를 지각하는 것으로 본다(seefeldt, 1980). 그러므로 유아가 사물을 바라보는 때에도 각 부분의 집합으로 생각하는 것이 아닌 전체적인 이미지로 지각하게 된다고 본다. 이중 그림들을 게슈탈트 현상을 설명하는 좋은 사례가 된다.

이 그림은 토끼일까? 오리일까? 그림 속 토끼를 먼저 봤다면 오리는 보이지 않게 되며, 오리를 먼저 본 경우, 토끼가 보이지 않게 된다. 이런 현상은 우리가 형상과 배경을 구분하여 본다는 것을 의미하며, 유아 역시 어떠한 대상을 지각할 때 자신에게 중요한 구조적인 패턴을 통해 파악하므로 그림 또한 자신이 지각하여 본 것을 그린다.

지각이론가들에 따르면 유아는 지각 발달과 함께 사물을 표현하는 능력도 향상한다. 예를 들어 2~4세 유아가 그린 그림에서는 대상을 전체적으로 뭉뚱그려 그리거나, 특정한 부분만을 그린 뒤 전체라고 말하는 미분화된 표현들이 나타난다. 이러한 발달 특성은 유아가 아직 자신이 본 것을 그대로 이미지로 표현하는 기술적 능력이 부족하기 때문이다. 즉, 이 시기의 유아들은 그림으로 표현할 수 있는 것보다 훨씬 많은 것을 지각하고 있다. 하지만 그림으로 충분히 표현되지 못하는 이유는 세부적인 부분을 지각하는 능력이 발달하지 않았기 때문이다.

유아는 시간이 흐름에 따라 세부적인 표현들을 그릴 수 있게 되는 분화의 과정을 거친다. 지각 활동이 활발해지는 6~7세 무렵에는 형태의 다른 부분을 비교할 수 있는 능력을 갖추게 된다. 또한 부분들 간의 관계를 지각하게 되면서 조금 더 체계적으로 탐색할 수 있다.

지각이론가인 아른하임(Arnheim)은 유아의 지각이 발달한다는 것은 유아가 사물을 표현하는 능력이 세부적으로 증가했음을 나타낸다고 설명한다. 더욱이 유아의 지각능력은 학습되는 것으로 시각 구별훈련을 통해 길러주는 것이 필요하다고 본다(Arnheim, 1992). 따라서 교사는 유아의 독창성과 창의성을 기르기 위한 중요한 과정으로 지각한 물체를 2차원적 종이 위에 재창조하여 표현하도록 지도해야 한다. 또한 맥피(McFee)는 유아의 지각능력은 학습된다는 지각-기술 이론을 설명하였다. 유아의 지각능력 학습을 위해 심리적 환경, 지각을 통해 외부에서 받아들인 정보를 처리하는 능력을 길러줘야 함을 강조하였다. 미술적 능력을 기르기 위해서 매체를 활용하고 창의적인 표현을 할 수 있는 능력을 향상시키는 것이 필요하다고 본 것이다.

5) 다중지능이론

다중지능이론은 가드너(Gardner)가 제시한 이론이다. 가드너의 다중지능이론은 기존의 언어적, 논리적, 수학적 지능에 국한되어 있던 지능이론에서 벗어나 다양한 영역의 능력과 잠재력이라는 개념을 통해 이론을 확장시켜 나갔다.

가드너는 단계적인 발달이 아닌 파동적인 발달을 강조하였다. 다양한 지능 중 어느 한 가지 영역의 지능이 발달하게 되면 다른 지능과 교류하며 파동적 발달이 이루어진다고 보았다. 파동 발달은 4단계를 거쳐 발달하며, 인간에게는 이러한 체계를 형성하고자 하는 본래적인 성향이 있다고 설명하였다(Gardner, 1979).

파동의 첫 단계는 인과적 관계성 단계로 18~24개월에 나타나기 시작한다. 이 시기의 영아는 상징을 통해 자신의 지식을 전달하기 시작한다. 예를 들어 고양이를 그리라고 했을 때 낙서하듯 고양이를 그리면서 '야옹'이라고 소리를 낸다. 이러한 행동은 상징에 대한 각성이 언어를 통해 표현된 것으로 볼 수 있다. 이처럼 상징에 대한 각성은 다른 영역의 지능과 협력하게 되고 파동을 형성해 나가는 것이다. 두 번째 파동은 공간적 관계성 단계로 36개월에 시작한다. 이 시기는 공간적 관계성을 발견해 나간다. 예를 들어 동그란 원 주위에 또 하나의 원을 그려 고양이의 몸통과 머리를 그리게 된다. 세 번째 파동은 수치적 관계성의 단계로 48개월에 시작된다. 이 시기는 수치적 관계성을 생각하며 그림을 그리게 된다. 예를 들어 고양이를 그릴 때 다리는 4개, 귀는 2개 꼬리는 1개를 그린다. 네 번째 파동은 기호 관계성 단계로 5~7세에 형성된다. 이 시기의 아동은 자신만의 기호체계를 만들어가기 시작하는데, 자신이 만들어 낸 다양한 시각적인 상징을 활용해 그림을 그릴 수 있게 된다. 예를 들어 자신의 물건을 나열하고 그에 맞는 목록을 만들어서 그림으로 그려보기도 하고 체험한 일을 기억해서 그림을 그리기도 한다.

다중지능이론은 교사들에게 미술활동을 통해 유아의 개별적이며 다양한 지능의 영역이 잘 발달될 수 있도록 도움을 줘야 함을 시사한다. 이때 교사의 역할은 환경을 적절하게 제공하는 것이다. 또한 유아가 스스로 구상한 것을 구현해내는 능력을 길러주기 위해 다양한 영역의 지능을 활용할 수 있는 통합적인 미술교육을 실시해야 함을 주장한다. 따라서 다중지능 이론을 통한 유아미술교육은 다양한 지능 영역의 발달을 돕고 모든 교육의 기초 능력을 길러주는 데 중요한 작용을 한다.

2 유아미술 발달단계

지금까지 많은 학자들은 유아의 그림을 연령별로 분류하는 연구를 하였다. 그 결과 연령에 따라 그림이 변화된다는 것을 발견하였다. 이를 통해 유아들의 미술 발달단계를 제시하였다. 유아의 그림 발달에 대한 여러 가지 견해와 분류가 있으나 대부분 인지발달, 소근육 발달, 시각 발달과 같은 맥락으로 발달한다. 로웬펠드와 켈로그를 통해 유아미술 발달단계를 살펴보고자 한다.

1) 로웬펠드

로웬펠드(Lowenfeld)는 유아의 정신적이며 창의적인 성장에 관심을 가졌으며, 성장을 촉진하기 위한 매개체로 미술활동을 강조하였다(Lowenfeld, 1947). 이때 미술활동은 과정 중심으로 진행되며, 미술발달 단계는 유아의 작업 과정에 초점을 맞춰야 함을 주장하였다. 로웬펠드는 유아미술 발달단계를 난화기, 전도식기, 도식기, 또래 집단기, 의사실기, 결정기로 나누었다. 도식기까지가 유아의 미술 발달단계이며, 또래 집단기부터는 아동기에 해당한다.

(1) 난화기(2~4세)

이 시기는 피아제의 감각운동기에 해당하는 시기로 자기표현이 이루어지는 첫 번째 단계이다. 이 시기 유아는 손과 손목의 움직임을 통해 단순한 그림을 표현한다. 자신의 생각과 의도를 정확하게 표현하기보다는 제멋대로 흥미에 따라 감각적인 그림을 그린다. 이러한 난화기는 보통 18개월부터 시작되며 감각적인 즐거움을 느끼기 위한 그림을 그리게 된다. 이러한 시기를 지나서 점차 협응능력이 발달하게 되면 근육을 통제하고 조절된 선을 그리게 된다. 난화기는 무분별한 끄적거리기, 통제된 끄적거리기, 명명된 끄적거리기의 세 단계를 거쳐 발달한다.

▸ 무분별한 끄적거리기

무분별한 끄적거리기 시기는 감각운동의 즐거움을 느끼기 위해 그림을 그린다. 그래서 이 시기에는 특별한 목적과 의미가 없고 정리되지 않은 낙서 형태와 같은 그림으로 표현된다. 또한 근육을 잘 통제하지 못하기 때문에 큰 휘두름을 통해 반복적으로 끄적거린다. 무분별한 끄적거리기는 불규칙한 선으로 나타나게 된다.

영아는 손과 손목의 운동능력이 잘 발달하지 않았기 때문에 크레파스를 손 전체로 집고 팔을 움직인다. 영아들이 무분별한 끼적거리기를 하는 도중에 자주 놓치게 되므로 교사가 큰 종이를 제공해서 대근육을 충분히 움직이는 기회를 제공해야 한다. 또한 이 시기는 모든 것을 입으로 가져가기 때문에 무독성 도구를 제공해서 안전한 미술 활동이 이루어질 수 있도록 해야 한다.

▸ 통제된 끄적거리기

통제된 끄적거리기 시기는 앞 단계와 함께 이루어지며, 자신의 팔이 움직이는 것을 이해하고 조절해보게 되는 단계이다. 즉 근육이 발달하면서 자신이 원하는 대로 몸을 조절할 수 있게 되고 눈과 손의 협응력이 발달하면서 힘을 조절해서 선을 그릴 수 있게 된다.

자신이 원하는 방향으로 몸을 움직이면서 몇 번이고 계속해서 원형, 수직선, 혼합선, 회전선 등의 선을 반복적으로 그리게 되면서 점차 계획적인 끼적거리기가 가능해진다. 또한 소근육이 발달하면서 크레파스를 놓치는 빈도가 줄어들게 된다. 하지만 여전히 사실적이고 창의적인 표현은 이루어지지 않는다. 그러므로 교사는 영아가 다양한 선을 그려볼 수 있도록 환경을 제공해야 하며 달팽이와 같은 회전 모양의 원을 그리기 시작했을 때는 닫힌 원의 모습을 그려서 보여주는 것이 요구된다. 또한 끼적거리기 활동 중에 종이가 구겨지거나 찢어지지 않도록 잡아주는 지도 등이 필요하다.

▸ 명명된 끄적거리기

명명된 끄적거리기는 자신의 끄적거리기에 이름을 붙이는 단계로 의도된 긁적거리기라고 불리기도 한다. 영아가 스스로 원을 그리다 보면 어느 순간 근육의 움직임보다 그림을 그리는 그 자체에 흥미를 보이게 된다. 이러한 변화는 유아의 사고 발달을 설명하는 중요한 단서가 된다. 즉, 자신의 신체를 움직이는 것과 언어발달이 하나로 통합되어 이루어지는 것이다.

그림에 이름을 정해준다는 것은 자신의 생각을 설명하기 시작한다는 것을 의미한다. 하지만 영아는 같은 그림에 매번 동일한 이름을 정해주지는 않는다. 예를 들어 같은 선의 모양을 그리더라도 처음에는 '길'이라고 했다가 다음에는 '뱀'이라고 한다. 또한 시간이 지나면 처음에 정했던 이름에서 새로운 이름으로 바뀌기도 한다. 이는 유아가 길과 뱀이라는 목적을 가지고 끼적거렸다기보다 자신이 끼적거린 선을 보고 생각나는 이름을 붙여줬기 때문이다.

이때 교사는 유아가 임의대로 붙인 이름에 대해 해석하기보다는 그 자체에 즐거움을 느끼도록 두는 것이 좋다. 또한 유아가 명명하는 것을 들었을 때는 그림 옆에 적어두는 것이 좋다. 이는 유아에게 교사가 자신의 작품을 존중하고 있음을 이해하게 한다.

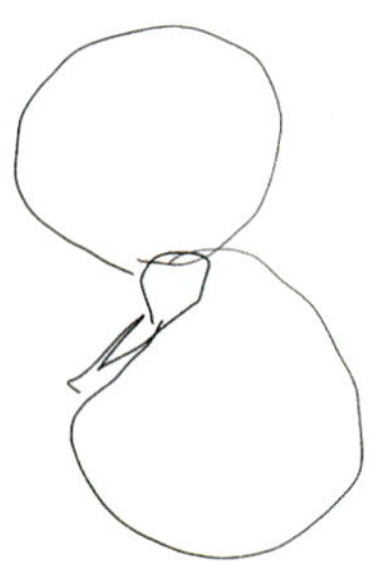

눈사람

토끼

▸ 난화기의 그림 특징

- 움직임과 욕구를 동심원으로 나타냄
- 무의식적인 표현을 통해 자신이 만든 행위의 흔적을 느낌
- 마구 그린 난화를 보고 의미를 붙이고자 함
- 사물의 형태를 표현하기 위한 시도를 함

(2) 전도식기(4~7세)

전도식기는 피아제의 전조작기에 해당되며 물활론, 직관적, 상징적, 자기중심적 사고의 특징을 가진다. 이러한 특징은 그림 발달에 반영되어 사물을 의인화하여 그림을 그리게 되고 상징적인 표현을 시도해서 반복적으로 그림을 그린다.

전도식기 초반에는 상징적 형태를 알아보기 힘들지만, 중기 · 후기가 되면 점차 분명한 형태가 나타나고 주제에 따른 그림표현이 가능해진다. 또한 전도식기는 의도적인 표현이 등장하는 시기이다. 난화기의 비의도적인 표현에서 벗어나 의도적인 목적을 가진 사실적인 표현이 나타난다. 즉, 전도식기에는 그림으로 타인과의 의사소통이 가능해지며 무의식적인 표현에서 의식적인 표현으로 변화하는 과정이라고 볼 수 있다

특히 이 시기에는 자신의 주변 세계와 관련된 것을 상징화하는 표현방법이 나타나며, 자신에게 의미 있고 중요한 것을 그림으로 표현하는 것을 즐거워한다. 특히 나, 친구, 가족, 집, 차, 나무 등과 같은 유아가 직접적으로 속한 환경에서 그림을 그리게 된다. 따라서 이 시기의 그림은 자신의 경험을 기록하는 기능을 하는 동시에 유아의 사고를 반영하고 있으므로 유아가 그린 그림은 유아의 사고를 이해하는 데 중요한 역할을 한다.

전조작기 유아의 그림표현 방법을 살펴보면, 4세가 되면 완벽하지는 않지만, 알아볼 수 있는 기초적인 형태가 드러나기 시작한다. 5세가 되면 집, 나무, 사람 등 자신의 주변 환경에서 자주 봤고 익숙한 것들에 대한 확실한 형태를 표현한다. 6세가 되면 주제를 제공하거나 자신이 주제를 정했을 때 이에 어울리는 확실한 형태의 그림을 그린다.

▸ 전도식기의 그림 특징

- 의식적 형태를 창조하기 시작함
- 주변의 여러 대상 중에서 자신에게 친숙한 것을 소재로 선정함
- 색채를 선택할 때는 사물과의 관계보다 자신의 정서에 초점을 둠

- 공간이 자신을 둘러싸고 있다고 인식함
- 자기중심적인 그림을 그리게 됨

형태가 나타나는 그림

전도식기 유아의 두족인 그림

(3) 도식기(7~9세)

도식기 유아는 원, 네모, 세모 등과 같은 도형 도식을 사용해서 그림을 그리게 된다. 이 시기의 유아는 도형을 이용한 그림을 계속적으로 그리게 되는데 이는 유아가 그 대상에게 도식을 가지게 됨을 의미한다. 예를 들어 사람을 그릴 때 네모 모양의 몸통에서 길게 나온 두 개의 선은 팔이 되며 몸통 아래에 삼각형을 그리면 치마를 입은 여자를 의미하는 것이다.

도식기는 사물에 대한 개념을 형성하는 시기로 자신이 가지고 있는 도식을 이용해 묘사하여 개별적으로 표현할 수 있다. 이때 아동이 표현하게 되는 도식과 표현방식은 삶에서 오는 경험에 따라 차이를 보인다. 즉, 유아가 도식을 형성하는 과정에서 자신이 가지고 있는 기존 경험과의 관계 속에서 환경을 어떻게 받아들이는지에 따라서 다른 도식을 갖게 된다.

이 시기의 그림은 유아가 특별한 경험을 했을 때 평소와는 다르게 나타나기도 한다. 자신에게 중요한 부분은 과장하고 중요하지 않은 부분은 축소해서 그리는 표현방법이 나타나기도 하며, 중요한 부분에 대한 상징은 자신의 정서적 경험에 따라 변화하기도 한다. 이처럼 유아들은 이러한 과정을 통해 다양한 표현방법을 형성하게 된다.

도식기의 유아는 공간의 개념이 변화된다. 전도식기에서는 자기중심적이고 초보적인 공간의 개념을 가지고 있었다면 이 시기에는 더욱 발전된 공간의 개념을 갖게 된다. 대표적인 것이 기저선의 표현이다. 또한 여아와 남아의 그림의 주제가 달라진다. 여아들은 공주, 꽃, 친구 등의 주제를 선택하며 남아들은 괴물, 공룡, 자동차 등의 주제로 그림을 그린다.

▸ 전도식기의 그림 특징

- 현실을 재현해서 그리는 것을 시도함
- 사물과 사물과의 관계를 나타내는 기저선을 그림
- 다른 시간에 일어났던 일을 단일 공간에서 표현함

(4) 또래 집단기(9~11세)

또래 집단기는 초기 아동기 시기이다. 이 시기에는 이전 단계의 자기중심성이 사라지게 되고 자아의식이 확대된다. 즉, 자기중심적이며 나열적인 구성에서 벗어나 자신이 보고 느낀 대상과의 관계와 색을 그대로 표현하게 되는 것이다. 또한 또래 집단을 형성하고 발달시키는 것이 중요하게 인식된다. 그래서 주변 친구들의 그림을 보고 그리는 것을 좋아하며 비슷하게 흉내 내서 그리기도 한다.

▸ 또래 집단기의 그림 특징

- 또래와 공동으로 제작하는 것을 즐거워하며 적극적으로 참여함
- 보고 느낀 그대로 객관적으로 표현하고자 함
- 명암과 질감과 같은 표현적 방법에 관심을 보이기 시작함

(5) 의사실기(11~13세)

의사실기는 후기 아동기 시기로 대상에 대해 본 것과 똑같이 그리기 위해 노력한다. 이러한 특징은 이전 단계의 상징적 표현인 '지각적 사실주의'에

서 사실적 표현인 '시각적 사실주의'로 변화하는 것을 의미한다. 또한 인물화를 그릴 때에도 섬세하고 세부적인 표현이 나타나며 성별에 따른 특징을 부각시킨다. 예를 들어 그림의 주제가 정해졌을 때는 이를 똑같이 그린 그림을 보고 잘 그린 그림이라고 생각한다. 그러므로 교사는 아동들에게 대상을 바라보는 방법이나 멀리 있는 것과 가까이 있는 것의 차이점 등에 대한 미술표현 방법에 대한 체계적인 지도가 필요하다.

▸ **의사실기의 그림 특징**

- 사실적인 표현 방법에 대한 관심을 보임
- 인물화에서 섬세하고 세부적인 표현이 나타남
- 3차원의 공간 표현이 나타나고 입체적인 그림이 그려짐

(6) 결정기(13~17세)

결정기는 청소년기로 예술가처럼 표현하기를 원하며 창의성을 중시한다. 특히 이 시기의 미술발달은 외관, 명암, 배경, 원근 등과 같은 표현을 중시하는 시각형과 내면의 정서를 중시하며 색채와 공간에 대해 주관적으로 표현하는 촉각형으로 나뉜다. 또한 환경을 인식하는 능력이 발달하며 공간에 대한 깊이 있는 관심이 생긴다. 따라서 결정기의 아동은 실제에 가까운 색을 선택하고, 개방적이며 주관적인 표현을 사용하면서 부분 간의 조화로운 표현을 시도하게 된다. 이 시기 이후의 미술표현은 두 가지로 변화할 수 있다. 진정한 의미로서의 창조적인 그림을 그리게 되거나 인지와 표현능력의 괴리로 미술표현이 침체된다.

▸ **결정기의 그림 특징**

- 개방적이며 주관적인 그림이 그려짐
- 자신의 의사 결정에 따라 대상을 탐구하고 변화시켜 표현함

2) 켈로그

켈로그(Kellogg)는 20년간 세계 각 지역에서 백만 점 이상의 그림을 수집하여 그림에 나타난 특징을 연구하였다. 켈로그는 미술발달의 초기라고 할 수 있는 끄적거리는 난화 자체를 매우 중요한 심리적 표현으로 보았으며 4단계의 발달 단계를 주장하였다(Kellogg, 1969). 켈로그의 유아미술 발달 단계는 난화 단계, 도형의 출현 단계, 도형의 정교화 단계, 초기 회화 단계로 구성된다. 이 4단계의 발달은 개인차가 있지만 일정한 순서에 따라 단계별로 진행된다.

(1) 난화 단계(1~2세)

이 시기는 점과 선을 이용해 끄적거리는 난화 단계이다. 선을 그릴 수 있는 색연필, 크레파스 등을 손에 들고 움직이면서 끄적거리는 것을 즐기는 단계이다. 켈로그는 영아의 그림에서 사용되는 선을 분석하여 20개의 공통된 난화를 발견하였다. 예를 들어 영아가 처음 끄적거릴 때는 직선으로 그리다가 점차 곡선과 나선형을 그리고 이후에 원 모양을 그릴 수 있게 된다. 영아의 그림에서 발견된 공통된 20개의 난화는 점, 직선, 곡선, 사선, 원 등의 발전된 그림을 그릴 수 있도록 하는 기초적 요소로 사용될 수 있다.

1	점		11	폐곡선	
2	수직선		12	파로선	
3	수평선		13	고리선	
4	사선		14	반복된 고리선	
5	곡선		15	달팽이 선	
6	반복 수직선		16	반복되어 덮인 원	
7	반복 수평선		17	반복된 원	
8	반복 사선		18	펼친 원	
9	반복 곡선		19	교차된 원	
10	개곡선		20	불완전한 원	

출처: 오종숙(1997).

(2) 도형의 출현 단계(2~3세)

2세가 되면 단순한 끄적거리기가 통제된 끄적거리기로 변화하고 3세에는 도형이 나타난다. 이 시기는 단순한 활동에서 벗어나 종이 위에 무엇을 배치해야 할지를 고민하는 단계로 다양한 행태의 끄적거리기가 나타난다. 또한 중앙, 대각선, 위, 아래 등 종이 위치에서도 많은 변화가 생긴다. 아울러 선이 교차되면서 원, 삼각형, 사각형, 타원, 불완전한 동그라미 등 다양한 도형의 형태가 나타나고 이 도형들은 난화와 섞여서 다양하게 표현된다.

(3) 도형의 정교화 단계(3~4세)

이 단계에서는 기본 도형들이 정교화되고 다양한 도형을 연결하여 그림을 그릴 수 있다. 이때 도형의 정교화는 두 개의 도형이 합쳐진 결합의 형태로 나타나거나 세 개 이상의 도형으로 이루어진 조합의 형태로 나타난다. 예를 들어 동그라미를 연결하여 꽃을 만들고 세모와 네모를 연결해 집을 만들기도 한다. 이 시기의 유아들은 기본적인 도형을 연결해서 혼합적인 표현을 할 수 있다.

도형이 정교화되며 초보적인 끄적거림에서 원형을 복선으로 그릴 수 있을 만큼 발전되는데 이러한 과정을 거쳐 동물, 사람과 같은 그림 초기 인물화 표현이 가능해진다. 다음 그림은 기본 도형들이 결합된 36개의 도형이다.

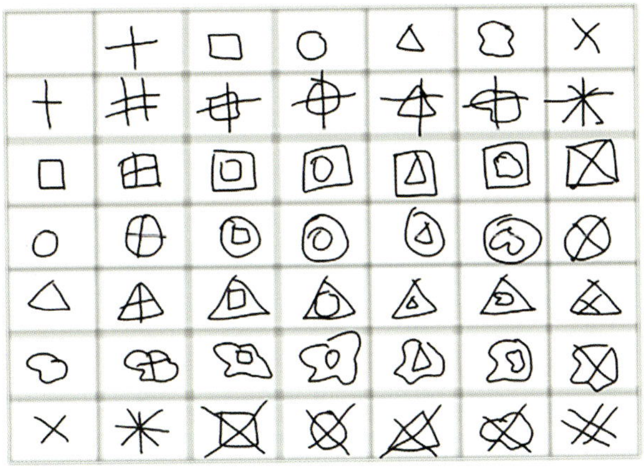

(4) 초기 회화 단계(4~5세)

이 시기는 사물의 형태를 사실적으로 표상하며 기호처럼 그림을 그리기 시작하는 단계로 표상 주제가 있는 그림을 그리게 된다. 즉, 수송기관, 식물, 동물 등 다양한 주제를 선택해서 표현할 수 있다. 이때 유아는 자연에서 볼 수 있는 실제적인 크기와 비례대로 그림을 그리는 것이 아니라 자신이 그리고자 하는 것의 형태를 완성하는 것에 초점을 두고 표현한다. 예를 들어 이 시기의 유아는 도형을 결합한 형태로 집과 계단을 그리고 집의 앞과 뒤를 그리라고 하면 펼친 모양으로 그리게 된다. 또한 집을 그릴 때는 집 안의 상황을 밖에서 볼 수 있는 투시적 표현이 나타난다.

3 유아 미술표현

1) 인물화 표현

유아가 사람을 처음으로 표현하는 시기는 전도식기이다. 이때 가장 기본적인 사람은 머리에서 다리가 직접 나오는 '두족인'의 형태로 표현되며 두족 표현이라고 한다. 이러한 두족 표현은 세계 대부분의 유아가 사람 그림 발달에서 공통적으로 나타나는 현상이다. 유아는 원으로 된 얼굴을 표현하고 원 아래에 두 개의 직선을 그려 다리를 표현하게 된다. 여기에서 횡선이 추가되면 손이 되는 것이다. 이처럼 유아는 머리, 팔, 다리를 이용해 사람의 신체를 그리게 된다. 또한 원을 타원형으로 늘려 그 안에 눈과 코를 그리기도 하고 원 위에 평행선을 그려 머리카락을 표현하는 태양형의 두족인이 나타나기도 한다. 이처럼 인물을 표현하기 시작할 때 사람이 어떻게 각인되었는지에 따라 다양한 두족인의 형태가 나타난다.

2) 카탈로그식 표현

유아가 사물을 카탈로그식으로 나열해서 그리는 것으로 나열식 표현이라고도 한다. 카탈로그식 표현은 원근법, 공간, 깊이 등을 무시하고 연관성 없이 나란히 그린 그림을 의미한다. 이는 유아는 자신이 환경의 일부분이라는 것을 이해하지 못하기 때문에 열거하는 방식으로 표현된 것이다. 이러한 그림의 특징은 유아가 사람이 꽃을 보고 있는 그림을 그릴 때 구름은 구름대로, 나무는 나무대로, 사과는 사과대로 나란히 그려 놓는 것을 보고 알 수 있다. 또한 위치와 관계없이 표현하고자 하는 그림을 나열해서 그려 놓는 것을 통해서도 확인할 수 있다. 이는 알고 있는 것을 그린다는 유아의 지적 리얼리즘의 예라고 할 수 있다.

3) 기저선의 표현

기저선은 위와 아래, 하늘과 땅처럼 무엇인가를 갈라놓은 경계선을 의미한다. 보통 도화지 아래에 선을 그리거나 황토색으로 땅을 표현하기도 하고, 위에 선을 그리거나 하늘색으로 하늘을 표현하기도 한다. 이러한 특징은 유아가 공간 개념을 획득한 것으로 볼 수 있다. 유아들은 일반적으로 하나의 수평적 횡선을 중심으로 기저선을 그리지만 점차 여러 개의 기저선이 나타나게 된다.

4) 투시적 표현

유아의 투시적 표현은 시각적으로 보이지 않는 부분도 보이는 것처럼 표현하는 것을 의미한다. X-ray식 그림이라고도 하며 건물의 안이 다 보이거나 물고기의 뱃속을 다 그리는 등 공간의 경계가 명확하지 않다. 또한 그림 크기의 비례가 상대적으로 표현되며, 물체와 물체의 연관성이 확실하지 않다. 즉, 유아가 한 공간이라고 할지라도 다른 것이 존재하고 있음을 알고 그리는 것으로 아는 것을 그린다는 인지발달이론의 입장을 뒷받침한다.

우리 집 소개

물놀이를 가는 차 안

5) 직각성의 실수 표현

직각성의 실수 표현은 유아의 직관적 사고에 의한 표현이기도 하다. 유아가 대상의 한 면만 보고 그림을 그리는 것으로 공간 표현과도 관계가 있다. 많은 유아들은 산을 그릴 때 직각성의 실수를 보이게 된다.

6) 의인화된 표현

유아들이 의인화된 표현을 한다는 것은 물활론적 사고와 관계가 있다. 물활론적 사고는 사물을 자신과 동일시하여 모든 것에 생명이 있다고 여기는 것으로 '애니미즘(animism) 현상'이라고 한다. 예를 들어 태양과 꽃에 눈을 그리거나 나무와 집에 웃고 있는 모습을 그려 주면서 모든 물체가 감정과 생명을 가지고 있다고 표현하는 것이다. 유아들이 무생물이 살아 움직이는 애니메이션을 보는 것을 좋아하는 것은 의인화된 표현을 하는 것과 같은 맥락이다.

7) 자기중심적 표현

유아는 자신의 삶에서 의미 있는 것을 크게 과장하거나 축소한다. 또한 인상 깊은 것, 하고 싶은 것, 좋아하거나 싫어하는 것 등 자신의 지각을 통해 느낀 것을 그대로 표현하는 유아의 자기중심성이 그림으로 나타난 것이다. 자신에게 중요한 것, 의미 있는 것, 좋아하는 것 등의 긍정적인 의미가 있는 것은 크게 과장해서 표현하거나 아름답게 그리고 자신이 좋아하는 색을 이용해 색칠하기도 한다. 한편 이와 반대로 부정적인 의미가 있는 것은 생략하거나 축소해서 표현한다.

자신을 크게 그리거나 아름답게 표현함

8) 도식적 표현

유아가 나만의 그림 표현방식으로 도식을 완성하게 되면 반복적으로 동일한 도식을 이용한 그림을 그린다. 이러한 도식적 표현은 유아마다 각각 다르게 형성된다. 유아가 그림 속에서 충분히 반복되는 그림을 그릴 때 도식이 잘 형성되었음을 확인할 수 있다.

9) 시간적 동시 표현

유아는 시간의 흐름을 표현할 때 한 장의 종이에 여러 그림으로 표현하고자 한다. 이는 한 장면 속에 현재, 과거, 미래가 동시에 표현되는 것으로 이러한 표현 특징은 연속적인 표현을 통해 영화처럼 전개된다. 예를 들어 한 장의 종이에 두 개의 태양이 그려지기도 하고 칸을 나눠 하루 일과를 표현하기도 한다.

어린이날의 하루

10) 초현실적 표현

유아들이 상상하고 있는 내면의 세계를 그림으로 표현한다. 이러한 표현은 시공간을 초월한 자유로운 내면의 표현이다. 예를 들어 자신을 공주나 왕자로 표현하는 자유로운 사고가 그림으로 표현한다.

11) 전개도적 표현

유아가 3차원의 세계를 2차원으로 표현할 때 전개도적 표현이 나타난다. 이러한 표현의 특징은 전개도를 그릴 때처럼 펼쳐서 그리는 것이다. 예를 들어 식탁을 꾸밀 때 상을 펼쳐서 그리거나 사람들을 펼쳐서 누워있는 것 같이 그리는 것이다.

활동해 봅시다

1. 유아미술의 발달단계에 따라 미술표현이 어떠한 변화가 나타나는지 토의해 봅시다.

2. 유아미술교육 이론가들 주장과 특징을 비교·분석해 봅시다.

Chapter 04

유아미술의 요소 및 원리

학습목표

1. 점, 선, 형, 색, 명암, 질감, 공간 등 미술의 요소에 대해 설명할 수 있다.
2. 통일과 변화, 비율, 리듬/반복/패턴, 균형, 강조, 움직임 등 미술의 원리에 대해 설명할 수 있다.

1 미술의 요소

미술의 요소에는 점, 선, 형, 색, 명암, 질감, 공간이 있다. 그러나 이러한 요소들은 서로 밀접한 관계이므로 정확히 나누기보다는 상대적으로 이해하는 것이 필요하다.

1) 점

점은 미술의 가장 기본적인 요소로, 방향이나 면적 등은 가지고 있지 않고 위치만 있는데, 모든 형태의 출발점이라 할 수 있다. 점은 형(形)이 없으면 시각적으로 표시할 수 없기 때문에 크기와 모양을 가지며, 그 크기에 따라 느낌이 다르다. 밀도감 있게 작은 점을 규칙적으로 찍으면 내부가 꽉 차 보여 강하게 보이고, 점을 적게 찍으면 흐리게 또는 부드럽게 보인다(심성경, 백영애, 이영희, 변길희, 박주희, 2018). 또한 점의 크기를 점점 크게, 점점 작게 하면서 운동감이나 공간감을 줄 수 있고, 점을 포개어서 새로운 형태를 만들 수 있다. 점 하나만으로도 충분히 작품이 될 수 있다.

▸ '점'에 대한 작품 탐색

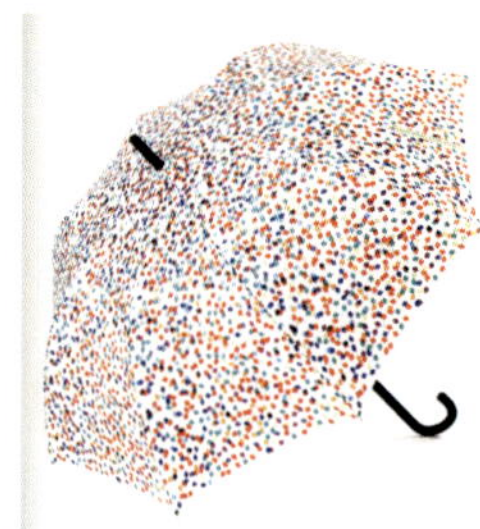

그림 4-1 작품명: 꽃잎이 내린다. 미음이 내린다.
(김정열, 2013)

유아와 공유할 수 있는 질문

- 여기 나온 작품을 점으로 표현하니 어떤 느낌이 드니?
- 점이 모여 있는 부분과 흩어져 있는 부분을 찾아보자.
- 점이 모여 무엇이 된 것 같니?
- 작품의 이름을 지어보자.
- 위의 작품처럼 점으로 표현하고 싶은 것이 있니?

2) 선

선은 모든 미술작품의 구성 요소로, 미술작품 속의 선은 모두 시작점과 끝점, 길이, 방향(위/아래, 대각선, 평행선)을 가지고 있다. 점의 연속으로 나타나는 선은 물체를 표시할 때 윤곽을 나타내고 형태를 표시한다. 점의 이동에 따라 직선, 곡선이 생기며, 선이 놓이는 방향과 길이에 따라 방향성과 운동성을 나타낸다. 수직선, 수평선, 사선, 굵은 선, 짧은 선 등 다양한 형태로 표현되는 선들은 감정을 나타내는데, 사선은 율동감을, 수직선은 힘을, 곡선은 부드러움을 표현하는 데 주로 사용된다. 동양화에서는 전통적으로 선을 중심으로 표현하는 경우가 많은데, 이때에 사용되는 선들은 사물, 상황에 대한 정신적 작용이나 이상을 상징하기도 한다. 선은 표현 도구, 종이 표면의 특질, 사용하는 사람의 힘의 정도에 따라 서로 다르게 나타나는데, 작품에 리듬을 주거나 패턴을 만들기 위해 규칙적으로 또는 불규칙하게 반복되어 사용될 수도 있다(이정욱, 임수진, 2017).

▸ '선'에 대한 작품 탐색

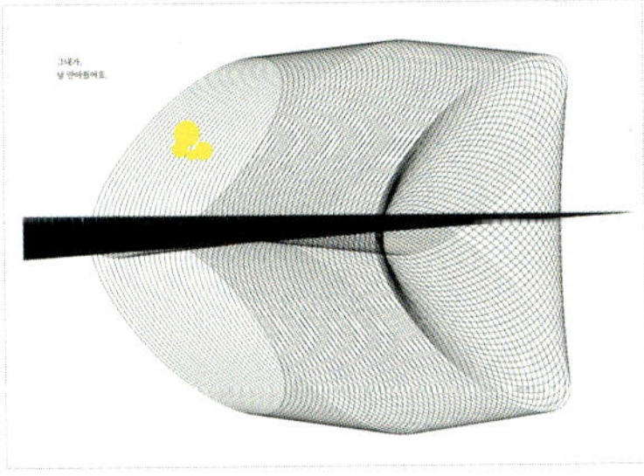

작품명: 꽃과 나비-그대가, 날 안아줬어요.
(김정열, 2019)

작품명: life(김정열, 2021)

| 그림 4-2 | '선'에 대한 작품

유아와 공유할 수 있는 질문

- 위의 작품에서 굵은 선과 가느다란 선을 짚어보자.
- 빨리 움직이는 선과 천천히 움직이는 선을 찾아보자.
- 우리의 몸으로 이 그림에 있는 선을 만들어보자.
- 똑바른 선(직선)과 구부러진 선(곡선)이 이어져 만들어진 모양은 어떤 것이 있을까?
- 교실에 있는 선 중에서 가장 기다란 선을 찾아보자.

3) 형

형이란 점, 선, 면이 모여 구성하는 어떤 물체의 윤곽, 즉 사물의 외형적인 모양으로 형이 모여서 또 다른 형을 만들어 내기도 한다. 형의 종류에 따라 직선형, 직사각형, 삼각형, 정사각형, 마름모 등이 있는데 이들은 딱

딱한 느낌을 주며 안정감, 질서의 의미가 담겨 있다. 곡선형에는 원형, 타원형과 같이 곡선에 의해 구성된 것으로 부드러운 느낌을 준다. 형은 크기와 모양에 따라 간단한 형과 복잡한 형, 반복되는 패턴의 형이 있다.

작품명: 시편 31:7 (김정열, 2021)
형: 2차원 평면 모양

작품명: pass-01-pa(김정열, 2019)
형태: 3차원의 입체 모양

그림 4-3 2차원 평면과 3차원 입체 모양 작품

▸ '형'에 대한 작품 탐색

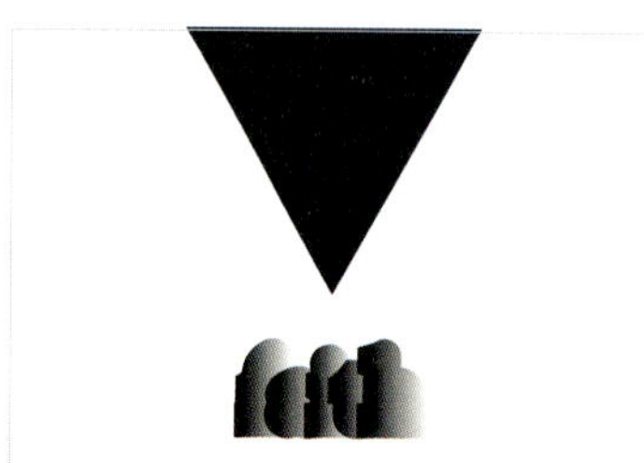

작품명: faith(김정열, 2021)

작품명: hope(김정열, 2021)

작품명: love(김정열, 2021)

작품명: christ(김정열, 2021)

그림 4-4 '형'에 대한 작품

유아와 공유할 수 있는 질문

- 작품에서 가장 많이 보이는 모양은 무엇이니?
- 만약 우리가 모양을 바꿀 수 있다면 어떻게 바꾸고 싶니?
- 자를 대고 그린 것 같은 모양은 어떤 것이니?
- 나무처럼 생긴 모양은 어디에서 찾을 수 있니?
- 작품이 어떤 것들과 닮았을까?

4) 색

색은 눈으로 보는 인상 중 가장 빠르고 강하게 감정을 불러일으키는 미술요소이다. 유아는 색을 통해 다양한 감정을 느끼고 감정을 색으로 표현할 수 있는데, 색을 느끼는 것을 색감이라고 한다. 색은 빛의 통과에 기초하여 만들어지는 것으로 빛이 없으면 색도 없게 된다. 어떤 물체가 눈에 색 광선을 반사하는 방식으로 물체의 색을 볼 수 있다. 색은 사물이 가지고 있는 고유한 색을 내기 위해, 장식을 위해, 상징을 위해 사용된다(김미경, 최영해, 장은희, 이혜정, 2015).

(1) 색의 3요소

색의 3요소는 색상, 명도, 채도이다.

① 색상

빨강, 노랑, 초록, 파랑 등 어떤 색과 다른 색을 구별하는 고유한 속성이다.

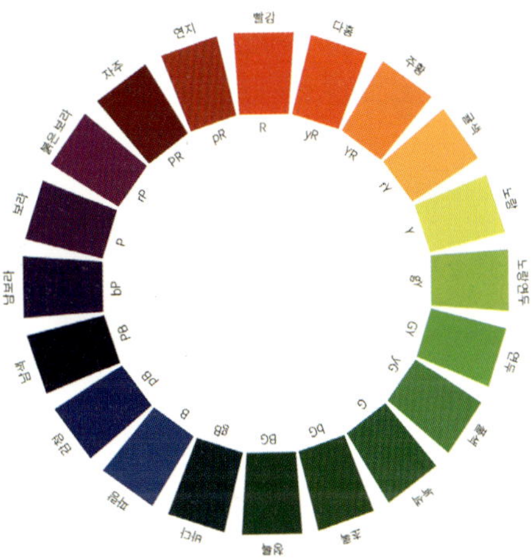

그림 4-5 기본 20 색상환

② 명도

색의 밝고 어두운 정도를 나타낸다. '어두운 회색', '밝은 흰색'처럼 명도가 '어둡다, 밝다'로 표현한다.

그림 4-6 작품명: 흰 족제비를 안고 있는 여인(레오나르도 다 빈치, 1488~1490)

③ 채도

색의 선명한 정도로 색의 맑음과 탁한 정도를 나타낸다. 채도가 높으면 선명하게 보이고, 채도가 낮으면 탁하게 보인다.

그림 4-7 작품명: 밤의 카페 테라스
(빈센트 반 고흐, 1888)

(2) 색의 분류와 의미

색은 1차 원색(원색), 2차색, 3차색(중간색), 무채색, 보색으로 구분하여 설명할 수 있다.

① 색의 분류

- 1차색(원색): 다른 색으로부터 얻을 수 없는 기본색으로, 3원색이라 할 수 있는 빨강, 파랑, 노랑이 해당한다.
- 2차색: 두 개의 원색을 혼합하여 만든 색이 해당하는데, 주황, 보라, 초록 등이다.

그림 4-8 빛의 삼원색과 안료의 삼원색

- 3차색(중간색): 색명의 분류에서 원색과 2차색의 혼합에서 나타난 색들이다.
- 무채색: 명도의 차이만 있고 색상과 채도가 없는 색을 말하며 흰색에서 회색을 거쳐 검은색에 이르는 색이 해당한다.
- 보색: 색상환에서 서로 반대편에 위치한 색을 보색이라고 하며 대조적인 느낌을 강하게 주는 특성이 있다. 노랑의 정보색은 색상환의 정반대편에 있는 남색이고, 노랑의 약보색은 남색의 양옆에 있는 남보라와 감청색이다.

그림 4-9 노랑과 파랑, 파랑과 빨강의 보색

② 색의 의미

각각의 색이 주는 의미는 다양하다. 생활 속에서 색이 주는 느낌을 활용하면 편리함을 추구할 수 있다.

표 4-1 생활 속에서 색의 활용

색	의미	활용
빨강	정지, 금지	소방차, 응급실, 위험물, 18세 미만 등
노랑	주의, 경고, 준비	안전모, 중장비 차량, 도로의 중앙선 표시 등
주황	위험, 주의	주의 표지판, 구명조끼 등
검정	어둠, 죽음	장례복, 어두운 밤 등
초록	안전, 생명	칠판, 비상구, 의료장비 등
흰색	청결, 위생, 순수	병원, 위생복 등

출처: https://blog.naver.com/cjarttherapy/222090530336

▸ '색'에 대한 작품 탐색

그림 4-10 작품명: 나와 마을
(마르크 샤갈, 1911)

유아와 공유할 수 있는 질문

- 가장 따뜻한 느낌이 드는 부분과 차가운 느낌이 드는 부분을 찾아보자.
- 가장 많이 사용된 색은 무엇이니?
- 직접 색을 사용할 수 있다면 어느 부분에 어떤 색으로 덧입혀 볼까?
- 작품의 이름을 붙여보자.
- 작품 속에 보이는 색 중 가장 좋아하는 색은 무엇이지?

5) 명암

명암은 작품 안에서 밝고 어두움을 나타내는 것으로 명도의 밝기를 말한다. 명암은 그 상황에 따라 감정을 변화시킬 수 있으며, 작품의 분위기와 정서에 큰 영향을 준다. 밝고 빛날 때는 가볍고 명확하게 느껴지지만, 눈중하고 어두울 때는 무겁고 명확성이 흐리게 느껴진다. 작품 안에서 명암의 정교한 변화들은 극적이고 표현적인 강조를 가져올 수 있으며, 그림 속 인물들이나 화가의 삶의 상태, 감정들을 드러내기도 한다. 사물에 명암이 생기면 입체감이 생겨 부피와 무게가 있는 것처럼 보인다. 빛에 의한 명암은 물체에 입체감을 주고 주위 공간에서 돋보이도록 하는 동시에 주변 사물과의 명암을 대비시켜 준다. 동양화에서는 흰색과 회색, 검은색을 사용하여 명암을 처리하는데, 이를 농담이라 한다(이정욱, 임수진, 2017).

▸ **'명암'에 대한 작품 탐색**

그림 4-11 작품명: 돌아온 탕자(The Return of the Prodigal Son)(렘브란트, 1669)

유아와 공유할 수 있는 질문

- 밝게 보이는 부분과 어두운 부분을 찾아보자. 무엇 때문에 밝게 보이는 것 같니?
- 흰색을 계속 섞으면 어떻게 될까?
- 검은색을 계속 섞으면 어떻게 될까?
- 여기에서 가장 어두워 보이는 부분은 어디니?
- 우리 교실에서 가장 어두운 곳은 어디인지 찾아보자.

6) 질감

질감이란 거침, 매끈함, 부드러움 등 손으로 만질 때 어떻게 느껴지는지에 관한 것과 눈으로 볼 때 어떻게 느껴지도록 표현했는지에 관한 것으로 감정을 느끼게 한다. 실물을 직접 손으로 만졌을 때의 느낌은 '촉각적 질감'이라고 하며, 눈으로 보았을 때 느껴지는 질감을 '시각적 질감'이라고 하는데, 명암이나 선의 움직임 등을 통해 표현된다. 촉각과 시각을 통해 서로 다른 질감을 느끼고 표현하기 위해서는 대상을 주의 깊게 관찰하고 경험하는 것이 요구된다.

▸ '질감'에 대한 작품 탐색

그림 4-12 작품명: Der Hase
(로비스 코린트[Lovis Corinth], 1921)

유아와 공유할 수 있는 질문

- 손으로 만지게 되면 어떤 느낌이 들것 같니?
- 피부에 닿았을 때 까실한 느낌이 들 것 같은 부분은 어딘지 찾아보자.
- 눈으로 보았을 때 부드러운 느낌이 드는 부분이 있니?

7) 공간

공간이란 미술작품 안에서의 거리를 말하는 것으로 상하, 좌우, 전후로 무한하게 펼쳐진 곳에서 차지하는 영역이다. 미술에서 공간은 실제적 공간뿐만 아니라 공간이 있는 것처럼 느껴지는 심리적인 공간도 포함한다(김미경 외, 2015). 미술작품 내에서의 공간은 형이 차지하는 공간과 비어 있는 공간으로 나눌 수 있다. 공간 내에서의 형의 배치는 미술작품의 전체적인 구성과 표현에 영향을 미치게 된다. 형이 단순하게 나열되어 있으면 공간은 평면적으로 느끼게 되고 서로 겹쳐 배치되면 공간의 깊이가 만들어진다. 공간을 배치할 때 다양한 크기는 원근감을 느끼게 한다. 공간의 표현기법으로는 겹치게 그려 공간감을 표현하는 기법인 '중첩'과 가까운 곳은 크게, 먼 곳은 작게 그려서 공간감을 표현하는 기법인 '원근법'이 있다.

▸ '공간'에 대한 작품 탐색

그림 4-13 작품명: 아를의 침실(빈센트 반 고흐, 1888)

유아와 공유할 수 있는 질문

- 가장 가까이에서 보이는 것들은 무엇이니?
- 가장 멀리 떨어져 있다고 느끼는 것은 무엇이니?
- 비좁고 답답하게 느껴지는 부분이 있니? 왜 그렇게 생각했니?
- 이곳에 누가 살고 있을 것 같니?
- 작품의 이름을 붙여보자.

2 미술의 원리

미술의 원리는 미술요소들을 아름답게 조직하여 시각적인 즐거움을 주기 위한 미적 형식의 원리로서 통일과 변화, 비율, 리듬/반복/패턴, 균형, 강조, 움직임 등이 있다. 다양한 표현과정에서 유아가 이러한 원리들을 자연스럽게 이해할 수 있도록 제공해야 한다.

1) 통일과 변화

통일과 변화는 상반된 요소로, 서로 불가분의 관계에 있다. 통일은 선, 색, 형, 질감, 공간 등의 여러 가지 조형요소들이 일정하게 반복되거나 조화롭게 결합되어 하나로 완성된 느낌을 주는 상태를 의미한다. 통일감이 지나치면 작품이 지루하거나 단조롭게 느껴질 수도 있다. 변화란 작품 속에서 통일과 조화를 바탕으로 사물의 형태, 성질 등을 바꾸어 긴장감, 활력감, 흥미와 다양함을 주는 것을 말한다. 변화를 지나치게 추구하면 혼돈과 무질서를 느끼게 된다(심성경 외, 2018). 변화와 통일이 조화를 이루었을 때 완성도 있고 아름답게 보인다.

▸ '통일과 변화'에 대한 작품 탐색

작품명: 엽서22(이중섭, 미상)
〈통일〉

작품명: 사계(이중섭, 미상)
〈변화〉

그림 4-14 '통일과 변화'에 대한 작품

유아와 공유할 수 있는 질문

- 엽서22(이중섭)의 어떤 부뷰이 반복해서 나타나 통일감이 느껴지니? 작품에 사용된 색들은 무엇이지? 우리가 작품의 이름을 지어줄까?
- 사계(이중섭)에서 변화가 느껴지는 부분은 무엇이니? 우리가 작품의 이름을 지어줄까?

2) 비율

비율은 전체와 부분, 또는 부분들 간의 관계로 규칙적 운동에 변화를 주어 부분과 전체의 관계를 더욱 풍부하게 하는 원리이다. 작가의 의도에 따라 객관적인 비율을 선택하거나 비율을 바꾸어 표현하기도 한다. 종종 비율을 줄이거나 과장하거나 길게 늘여 변화를 주는 것은 작품의 느낌, 분위기, 정서에 영향을 준다. 한 개의 선분을 크기가 다른 두 부분으로 나눌 때 긴 부분과 짧은 부분의 비율을 선 전체와 긴 부분의 비율과 동등하게 나누었을 때 황금비율이라고 한다. 일반적으로 이 비율은 약 1.618:1로, 가장 조화로운 비율로 본다.

▸ '비율'에 대한 작품 탐색

| 그림 4-15 | 작품명: 브로드웨이 부기우기(몬드리안, 1943)

유아와 공유할 수 있는 질문

- 만약 빨간색 네모 부분이 더 길어진다면 작품이 어떻게 보일까?
- 가장 긴 선과 가장 짧은 선들을 가리켜 보자.
- 전체적으로 작품 속에 나온 모양은 어떤 것들이지?
- 작품 속에 나타난 색들은 어떤 것들이지?

3) 리듬/반복/패턴

리듬은 똑같은 것이 규칙적으로 반복될 때 느낄 수 있는 시각적 단위의 연속성을 의미하는데, 점, 선, 색, 형 등의 반복적인 이미지들에 의해 만들어진 규칙적이며 조화로운 패턴으로 이루어진다. 패턴은 규칙적으로 반복되는 단위 형태를 의미한다. 조화를 이룬 리듬이 연속적으로 되풀이될 때 균형적인 질서와 안정, 통일감이 연출된다.

▸ '리듬/반복/패턴'에 대한 작품 탐색

별이 빛나는 밤
(빈센트 반 고흐, 1889)
〈리듬〉

스토클레 프리즈
(구스탐프 클림트, 1905~1909)
〈반복〉

바이블 퀼트
(해리엇 파워스, 1886)
〈패턴〉

| 그림 4-16 | '리듬/반복/패턴'에 대한 작품

유아와 공유할 수 있는 질문

- 세 가지 그림을 보면 각각 어떤 느낌이 드니?
- 별이 빛나는 밤(빈센트 반 고흐)에서 가장 빨리 움직이고 있는 곳을 가리켜 보자.
- 바이블 퀼트(해리엇 파워스) 작품 옆에 도화지를 놓고 연이어 그림을 그려보자.
- 스토클레 프리즈(구스탐프 클림트) 작품의 위쪽을 연이어 나가면 어떤 그림이 될까?

4) 균형

균형은 시각적으로 어느 한쪽으로 기울어지지 않고 평형을 이룬 상태로서 통일감 및 작품의 질서를 이루는 핵심요소라고 할 수 있다. 균형이 잘 이루어진 작품은 시각적으로 안정감을 느낄 수 있지만 균형이 깨진 작품은 불안감을 전달한다.

① 대칭 균형

대칭 균형이란 구성의 중앙을 지나가는 가상의 선을 축으로 양쪽 면을 접으면 완전히 일치되는 상태를 의미한다. 대칭 균형은 안정되고 차분한 느낌을 준다.

② 비대칭 균형

비대칭 균형은 한 형태의 양쪽이 서로 다른 모양이지만 같은 시각적 무게를 가지고 있어서 안정감이 느껴진다.

③ 방사형 균형

방사형 균형은 자전거 바큇살과 같이 중심축으로부터 여러 개의 요소들이 뻗어 나갈 때 생겨난다.

▸ '균형'에 대한 작품 탐색

최후의 만찬(레오나르도 다 빈치, 1498)
〈대칭 균형〉

최후의 만찬(틴토레토, 1592~1594)
〈비대칭 균형〉

부케(오귀스트 르누아르, 1919)
〈방사형 균형〉

| 그림 4-17 | '균형'에 대한 작품

유아와 공유할 수 있는 질문

- 최후의 만찬(레오나르도 다 빈치) 작품에 주인공은 누구라고 생각되니? 왜 그렇게 생각했지?
- 최후의 만찬(틴토레토) 작품에 나오는 사람들을 중앙에서 좌우로 구분하여 세어보자. 어느 쪽 사람이 더 많을까?
- 부케(오귀스트 르누아르)를 보면 어떤 마음이 드니?

5) 강조

강조는 작가가 보여주기 원하는 것들을 강하게 표현하는 방법으로 특정한 부분을 선, 형, 색 등을 이용하여 대비, 대조, 크기의 차이 등을 나타낸다. 주변 조건에 따라 특정한 부분에 변화를 주어 우리의 시선을 집중시키고 흥미를 유발하는 효과가 있다. 작품에서 강조되는 부분이 있다면 쉽게 지나칠 수 있는 부분 또한 존재한다. 명암을 통해 강조하기, 주목성과 명시성이 높은 색을 사용하기, 복잡한 재질을 사용하거나 패턴을 사용하기, 화면 안에서 강조하는 형을 분리하기 등 여러 방법이 있다(이정욱, 임수진, 2017).

▸ **'강조'에 대한 작품 탐색**

| 그림 4-18 | 작품명: 멜론
(에두아르 마네, 1880)

유아와 공유할 수 있는 질문

- 그림에서 가장 눈에 띄는 부분은 어디니?
- 그림 속에 있는 멜론을 만지면 어떤 느낌이 들까?
- 작가가 이 그림을 그릴 때 어떤 기분이었을까?
- 색을 덧입히거나 꾸밀 수 있다면 어떻게 표현하고 싶니?
- 작품을 누구에게 선물하고 싶니? 그 이유는 뭘까?

6) 움직임

움직임은 운동, 변화, 활기, 동작, 이동 등을 의미하는데, 역동적인 느낌, 긴장감, 방향성을 느끼게 한다. 사람이나 동물의 움직임, 작가의 감정의 움직임을 색, 선, 형 등을 통하여 외적으로 나타내는 것이다. 움직임을 나타내기 위해서는 방향, 각도 등을 조절하거나 과장하여 표현하며 선의 흐림, 대각선 표시, 색의 명암 및 농도, 강조, 형을 이용한 변형, 점증, 대비 등을 이용한다(심성경 외, 2018).

▸ '움직임'에 대한 작품 탐색

| 그림 4-19 | 작품명: 알프스를 넘는 나폴레옹
(자크 루이 다비드, 1801)

유아와 공유할 수 있는 질문

- 작품 속에서 움직이고 있는 것들을 찾아보자.
- 하늘을 날고 있는 것 같은 것은 무엇이니?
- 정지된 부분은 어디인지 찾아보자.
- 작품 속의 말을 탄다면 어떤 기분일까?
- 주변에서 나는 소리를 상상해 보자.

활동해 봅시다

1. 미술의 요소에 대해 나열해 보고, 주변에서 각 요소들을 찾아 이야기해 봅시다.

2. 교재에서 제시한 '유아와 공유할 수 있는 질문'을 직접 유아와 상호작용해 봅시다.

Chapter

05 국가수준의 유아미술교육

학습목표

1. 표준보육과정에서 제시하는 예술경험 영역의 목표와 내용을 탐구한다.
2. 개정 누리과정에서 제시하는 예술경험 영역의 교육 목표와 내용을 탐구한다.
3. 국가수준의 교육과정을 토대로 유아미술교육의 방향을 제시한다.

본 장에서는 국가수준의 유아미술교육을 탐구하기 위해 제4차 표준보육과정과 2019 개정 누리과정 예술경험 영역의 교육 목표와 내용을 살펴보고자 한다.

1 제4차 표준보육과정과 유아미술교육

1) 제4차 어린이집 표준보육과정의 이해

이 부분에서는 국가수준의 보육과정인 제4차 어린이집 표준보육과정(보건복지부, 2020)에서 제시하는 보육의 목적 및 목표, 그리고 관련 내용에 대해 요약하여 제시하고자 한다. 어린이집에서 운영하는 보육과정은 영유아의 발달과 개인차를 고려하여 국가 수준의 보육목표와 이들이 경험하게 될 보편적인 보육내용을 제시한다. 보육과정의 목적은 영유아의 전인적인 성장과 발달을 돕고 민주시민으로서의 자질을 길러 영유아가 심신이 건강하고 조화로운 사회 구성원으로 자랄 수 있도록 하는 데 있다.

우리나라는 1991년 영유아보육법이 제정되어 보육의 법적 토대를 구축하였고, 2004년에 개정된 영유아보육법 제29조에 의거하여 표준보육과정 개발 및 보급을 위한 근거를 마련하였다. 이후 2005년 여성가족부가 「표준보육과정」을 연구, 개발하고 2006년 11월 10일에 영유아보육법 시행규칙 제30조 관련 표준보육과정령을 개정하였다. 이에 2007년 1월 3일 최초의 「표준보육과정의 구체적 보육내용」을 고시하였다.

2011년 어린이집, 유치원 공통과정인 「5세 누리과정」을 제정하여 2011년 9월에 고시하게 되었다. 이에 따라, 표준보육과정은 「5세 누리과정」과의 연계를 고려하게 되었으며, 0~4세 영유아를 대상으로 한 「제2차 표준보육과정」을 2012년 2월에 고시하였다. 이후 「5세 누리과정」은 「3~5세 연령별 누리과정」으로 확대되었는데, 「3~5세 연령별 누리과정」의 목표와 내용을 고려하여 「제2차 표준보육과정」 중 0~1세 보육과정, 2세 보육과정을 개정하였다. 이러한 개정을 토대로 2013년 1월에 누리과정을 포함하여 「제3차 표준보육과정」이 고시되었다.

2019년 말, 누리과정은 유아가 중심이 되는 놀이 위주의 교육과정 개편 방향을 반영하여 개정되었다. 누리과정의 개정에 따라 「제3차 어린이집 표준보육과정」 중 0~1세 및 2세 보육과정의 개정이 필요한 상황이 되었다. 이를 위해 2019년 10월부터 누리과정 및 표준보육과정 연구진을 중심으로 '「제3차 어린이집 표준보육과정」(0~2세) 개정연구'를 통해 0~1세 보육과정과 2세 보육과정의 영역별 내용을 개정하였고, 0~2세 보육과정과 3~5세 보육과정을 포괄하는 총론의 일부를 개정하여, 2020년 4월 9일에 「제4차 어린이집 표준보육과정」을 고시하였다.

누리과정의 개정 근거가 된 내용은 '유아가 중심이 되는 교육패러다임 전환'이다. 이는 유아가 중심이 되는 교육과정을 만들겠다는 의미이다. 즉, 개별 유아의 다양한 특성을 고려한 내용 구성, 유아의 자유놀이 권장, 관찰과 기록 등 유아와의 상호작용을 강조하는 것이며, 현장자율성을 존중하여 세부내용을 통합하고 축소하였다. 이렇듯, 「2019 개정 누리과정」은 유아중심, 놀이 중심, 교사의 자율성 강화를 기본방향으로 하여 개정되었다. 제4차 어린이집 표준보육과정은 「제3차 어린이집 표준보육과정」을 개정하여 0~1세와 2세 보육과정 개정 및 0~5세 총론의 일부 용어(영유아, 표준보육과정 등)를 수정하고 영아 관련 내용을 부분 보완하기에 이르렀다.

제4차 어린이집 표준보육과정의 성격은 「2015 개정 초 · 중등학교 교육과정」 성격의 구성 체계와 연계하고, 영유아기의 고유한 특징을 반영하여 '영유아 중심 및 놀이 중심'을 강조하고 있다. 표준보육과징의 성격을 구체적으로 살펴보자.

첫째, 국가 수준의 공통성과 지역, 기관 및 개인 수준의 다양성을 동시에 추구한다. 국가 수준의 공통성은 어린이집에서 보육과정을 구성하고 운영할 때 고려해야 할 공통적이고 일반적 기준을 의미한다. 지역 수준의 다양성은 국가 수준의 보육과정을 바탕으로 각 시 · 군 · 구청에서 그 지역사회의 상황과 여건을 고려하여 보육과정을 특색 있게 운영하는 것을 의미한다.

둘째, 영유아의 전인적 발달과 행복을 추구한다. 영유아가 전인적으로 발달한다는 것은 몸과 마음이 건강하고, 자주적이고, 창의적이며, 감성이 풍부하고, 더불어 사는 사람으로 성장한다는 것을 의미한다. 영유아는 자유롭게 놀이할 때 즐겁고 행복하다. 영유아가 자유롭고 즐겁게 충분히 놀이할 수 있도록 보육과정을 구성하고 운영해야 한다.

셋째, 영유아 중심과 놀이 중심을 추구한다. '영유아' 중심을 추구한다는 것은 영유아의 건강과 행복, 놀이를 통한 배움의 가치를 최대한 존중하여 반영하는 것을 의미한다. '놀이 중심'을 추구한다는 것은 영유아가 주도하는 놀이를 중심으로 보육과정을 구성하고 운영한다는 것을 의미한다.

넷째, 영유아의 자율성과 창의성을 신장을 추구한다. 교사는 영유아가 크고 작은 어려움을 스스로 해결해가는 모습을 격려하고, 자신의 경험과 생각을 자유롭게 표현할 수 있도록 도와줌으로써 영유아의 자율성과 창의성 신장을 지원한다.

다섯째, 영유아, 교사, 원장, 부모 및 지역사회가 함께 실현해 가는 것을 추구한다. 표준보육과정은 국가 수준의 보육과정이 제시하는 공통적이고 일반적 기준을 바탕으로 교사가 자율성을 가지고 영유아와 함께 보육과정을 만들어 나가는 것을 강조한다. 교사와 원장은 영유아의 관심과 흥미 및 놀이에 대한 이해를 바탕으로 영유아의 놀이를 지원하는 보육과정의 주체이다. 또한 교사와 원장은 부모가 영유아·놀이 중심 보육과정의 의미를 이해하고 협력할 수 있도록 지원한다.

2) 0~1세 예술경험 영역의 목표와 내용

국가수준의 미술교육을 수행하기 위하여 국가수준 교육과정에서 제시하고 있는 미술교육 관련 내용을 분석하는 것이 중요하다. 0~1세 영아를 위한 미술교육은 제4차 어린이집 표준보육과정 0~1세 영역별 목표와 내용 중 예술경험 영역에서 찾아볼 수 있다. 예술경험 영역의 목표는 0~1세 영아가 자연과 생활에서 아름다움을 느끼고 경험하며 표현하는 과정을 즐기는 것이며, 영아가 자신의 경험과 느낌을 자연스럽게 표현하도록 하는 것이다.

표 5-1 예술경험 목표

아름다움을 느끼고 경험한다.	1. 자연과 생활에서 아름다움에 관심을 가진다. 2. 예술적 경험을 표현한다.

목표에 따른 예술경험의 내용은 아름다움 찾아보기, 창의적으로 표현하

기 두 가지의 내용 범주로 구성되어 있다. **아름다움 찾아보기**는 영아가 자연과 생활에서 아름다움을 느끼고 관심을 가지며 감상하는 경험을 반영한 내용을 의미한다. **창의적으로 표현하기**는 영아가 자신의 느낌과 경험을 소리, 음악과 리듬, 미술경험, 모방행동 등을 통해 표현하는 과정을 즐기는 내용을 의미한다.

| 표 5-2 | 예술경험 내용

내용 범주	내용
아름다움 찾아보기	• 자연과 생활에서 아름다움을 느낀다. • 아름다움에 관심을 가진다.
창의적으로 표현하기	• 소리와 리듬, 노래로 표현한다. • 감각을 통해 미술을 경험한다. • 모방 행동을 즐긴다.

예술경험 「아름다움 찾아보기」 내용 범주의 하위 내용으로 제시하고 있는 것은 '자연과 생활에서 아름다움을 느낀다'와 '아름다움에 관심을 가진다'이다. 이들 중 '**자연과 생활에서 아름다움을 느낀다**'는 0~1세 영아가 자신을 둘러싼 일상적인 환경에서 소리나 움직임, 색과 모양 등에 호기심을 기울이며 미적이고 감성적인 경험을 통해 아름다움을 인식하는 과정으로 발전시켜 나가는 내용을 다룬다. '**아름다움에 관심을 가진다**'는 0~1세 영아가 일상생활에서 자연이나 사물의 아름다움을 감상하고 즐길 수 있는 내용을 다룬다.

예술경험 「창의적으로 표현하기」 내용 범주의 하위 내용으로 제시하고 있는 것은 '소리와 리듬, 노래로 표현한다'와 '감각을 통해 미술을 경험한다', '모방 행동을 즐긴다'이다. 이들 중 소리와 리듬, 노래로 표현한다는 예술경험의 음악적 요소를 내용으로 하고 있어, 미술교육에서 참고할 수 있다. '**감각을 통해 미술을 경험한다**'는 영아가 감각을 통해 미술표현을 시도하고 단순한 미술을 경험하며 즐기는 내용이다. 우연하게 미술경험을 하다 결과물을 만들어내는 것, 미술을 경험하는 과정에서 재료와 익숙해지는 것, 적절한 재료를 이용하여 무엇인가 스스로 만들어내는 것, 창의적 표현을 즐기는 것 등의 내용을 다룬다. '**모방 행동을 즐긴다**'는 영아가 익숙하고 의미 있는 사람과 상호작용하며 타인의 표정이나 모습, 움직임을 모방하는 것에서부터 단순한 상징을 놀이로 즐기는 내용을 다룬다. 영아는 모방 행동을 통해 새로운 행동을 만들어내고, 상대의 모방을 유도하며, 영아가 이를 다시 모방하는 순환관계를 보여주는 내용을 다룬다.

제4차 어린이집 표준보육과정에서는 0~1세 영아의 경험에 대한 실제 예시를 제시하고 있다.

｜표 5-3｜ 영아 경험의 실제

신기하다
봄날 실외놀이를 하다가 성윤이가 바닥에 놓인 꽃송이를 줍는다. 이리저리 바라보며 살펴본다. 성윤: (입으로) 호~ 꽃잎을 불어보고 흔들어 보며 미소를 짓는다. 채운이가 나무를 쳐다보느라 고개를 젖힌다. 교사: 채운아 안아 올려줄게, 함께 보자. 교사가 채운이를 안아 올려주자, 영아는 꽃이 핀 나무를 살펴본다. 교사: 와 채운이가 꽃이 궁금하구나. 채운이가 이 꽃 저 꽃을 만져보려고 몸을 앞으로 기울여 꽃잎을 흔든다. 교사: 꽃이 움직이네, 채운이가 만져주니 꽃잎이 움직이는구나. 다른 꽃도 만져줄까? 채운이가 꽃잎을 잡고 흔들었다 놓았다 하는 행동을 반복하며 웃는다. 세홍이가 양손을 뻗어 나무에서 뻗은 가지를 만지려고 한다. 교사: 세홍이가 새로 나온 잎을 보고 싶구나. 교사가 세홍이가 만질 수 있도록 가지에 다가가 주자 세홍이가 새순을 한참 동안 만지작거린다.

세홍: 오…응…
교사: 세홍이가 이야기를 하고 싶구나. 오..오 하고 이야기해주고 싶구나.

세홍이는 두 팔을 뻗어 새순을 만지려고 몸을 구부리며 만지다가 웃는다.

세홍: 히힝~
교사: 세홍아 만지는 것이 재밌어? 또 해볼까?

교사는 세홍이를 안고 새순 앞으로 다가갔다 뒤로 물렀다 하며 세홍이가 새순을 만질 때 리듬 있는 말소리로 세홍이의 움직임을 표현해준다.

교사: 세홍이가 만졌다. 세홍이가 뒤로 갔다.
세호: 까르륵
교사: 다시 세홍이가 만졌다, 세홍이가 뒤로 갔다.
세홍: (새순을 만질 때마다) 히잉~ 오오~ 까르륵~

소리를 반복하며 웃는다.

실제 예시에서 나타난 영아의 경험을 이해하기 위하여 교사가 면밀히 관찰한 내용과 이에 따른 교사의 지원 내용도 제시하고 있다. 이를 살펴보면 다음과 같다.

영아의 경험을 이해하기 위한 관찰의 내용	• 성윤이는 떨어진 꽃잎에 관심을 보였고 꽃잎을 뒤집어 보고 바닥에 내려놓고 보고 구부리고 보면서 자신이 꽃잎을 불어서 흔들거리는 모양을 유심히 쳐다보며 즐거워하였다. • 채운이는 새로 나온 꽃잎의 부드러움과 뾰족하게 나온 모양에 관심을 보이며 즐겼다. 손으로 '만졌다 놓았다, 만졌다 놓았다'를 반복하며 손에 닿는 감촉을 즐겼다. • 세홍이는 눈에 띄는 나무의 새순을 신기하고 부드러운 새순이 손에 닿는 느낌을 즐겼다. 자신의 움직임을 리듬 있는 말소리로 듣는 것을 좋아하였다. • 계절의 변화로 새로 나온 작은 잎에 관심을 가지며 신기해하였고 만져보며 부드러운 느낌, 뾰족한 느낌을 알아갔다. • 작은 잎의 모양을 의성어와 의태어로 들었다.
교사의 지원 내용	• 공간 : 교사는 실외공간에서 영아가 자연물의 감각경험과 움직임을 경험하도록 지원하였다.

교사의 지원 내용	• 자료 : 실외놀이터의 자연의 식물들이 재료로 활용되었다. • 일과 : 실외놀이 시간 동안 영아가 자연물을 경험하고 느낄 수 있는 충분한 시간과 여유를 가지도록 여유 있는 일과를 진행하였다. • 상호작용 - 교사는 직접적인 상호작용을 시작하기보다 성윤이와 채운이의 관심을 관찰하고 있다가 눈길이나 손짓 표정을 쫓으며 언어나 비언어적으로 격려하였다. - 언어 표현이 어려운 영아가 새로운 자연변화에 관심을 가질 때 영아의 탐색과 관찰의 과정을 언어화하거나, 자연물의 아름다움을 느끼고 즐기는 과정에 공감을 하며 상호작용하였다(교사: 손가락으로 흔들흔들, 손바닥으로 쓰담쓰담, 호~하고 부니, 움직이네. 분홍잎도 호오~). - 0세 세홍이가 새로운 잎을 발견하며 신나 할 때 세홍이의 눈길이나 손짓 표정을 쫓으며 언어 비언어적으로 격려하였다. - 새순 끝에 세홍이의 손이 닿았다 놓았다 하는 움직임을 리듬 있는 말소리로 반복하여 즐기도록 상호작용하였다(교사: 꽃잎아 안녕! 아이 부드럽다. 빠이~ 다른 잎도 만나볼까. 꽃잎아 안녕!! 아이 간지럽다. 내일 또 만나자). • 안전 - 새순을 조심스럽게 다루어 새순이 꺾이는 일이 생기지 않도록 유의하였다. - 실외공간에서 영아가 하늘을 올려다보다가 뒤로 주저앉아 다치지 않도록 유의하였다.

0~1세 영아는 자연과 생활 속에서 감각을 통한 자극에 호기심을 가지고 반응하며 다양한 방법으로 표현하기를 즐길 수 있다. 영아는 자연물, 사물, 환경의 아름다움에 관심을 가지고 즐김으로써 풍부한 정서를 경험하며, 자신과 환경과의 상호작용에서 아름다운 요소를 발견하고 좋아하는 태도를 형성한다. 일상에 대한 긍정적인 태도를 기르고 자신을 둘러싼 대상과 상생하는 즐거움을 경험할 수 있다. 영아는 자신의 관심과 경험을 소리나 움직임으로 표현한다. 감각을 통한 미술을 경험하고 익숙한 사람의 행동을 모방하며 이를 반복하는 것을 즐거워한다. 영아는 이러한 경험을 통해 감

성을 계발하고 심미감을 형성하며 행복한 일상을 영유하게 되는 것이다. 이를 위하여 교사는 영아가 익숙한 일상 환경에서 호기심을 가지고 주의 깊게 바라보며 경험할 수 있도록 지원해야 한다. 또한 영아가 자신의 경험을 자유롭게 표현할 수 있도록 허용적인 환경을 조성하여야 한다.

3) 2세 예술경험 영역의 목표와 내용

2세 영아를 위한 미술교육은 제4차 어린이집 표준보육과정 2세 영역별 목표와 내용 중 예술경험 영역에서 찾아볼 수 있다. 예술경험 영역의 목표는 2세 영아가 일상에서 아름다움을 느끼고 즐기는 것이다. 영아가 마주하는 자연과 생활 속 경험에서 아름다움을 느끼고 관심을 가지며, 예술을 통해 자신의 느낌과 생각을 자유롭게 표현하도록 하는 것이다.

❙표 5-4❙ 예술경험 목표

아름다움을 느끼고 즐긴다.	1. 자연과 생활에서 아름다움을 느끼고 관심을 가진다. 2. 예술을 통해 자유롭게 표현한다.

목표에 따른 예술경험의 내용범주는 아름다움 찾아보기, 창의적으로 표현하기로 구성되어 있다. **아름다움 찾아보기**는 2세 영아가 일상에서 접하는 사물과 공간, 동식물과 사람, 자신과 또래의 표현 등에서 아름다움을 느끼고 즐기며, 아름다움에 관심을 가지고 찾아보는 내용이다. **창의적으로 표현하기**는 2세 영아가 다양한 방법으로 생각과 느낌을 자유롭게 표현하는 내용이다.

| 표 5-5 | 예술경험 내용

내용 범주	내용
아름다움 찾아보기	• 자연과 생활에서 아름다움을 느끼고 즐긴다. • 아름다움에 관심을 갖고 찾아본다.
창의적으로 표현하기	• 익숙한 노래와 리듬을 표현한다. • 움직임과 춤으로 자유롭게 표현한다. • 미술 재료와 도구로 표현해 본다. • 일상생활 경험을 상상놀이로 표현한다.

예술경험 「아름다움 찾아보기」 내용 범주의 하위 내용으로 제시하고 있는 것은 '자연과 생활에서 아들다움을 느끼고 즐긴다'와 '아름다움에 관심을 갖고 찾아본다'이다. 이들 중 **'자연과 생활에서 아름다움을 느끼고 즐긴다'**는 2세 영아가 무심히 지나칠 수 있는 일상의 자연이나 생활 속 공간, 사물 등의 아름다움에 주의를 기울여 아름다움을 풍부하게 느끼며, 자신과 또래의 다양한 예술적 표현을 감상하고 즐기는 내용이다. **'아름다움에 관심을 갖고 찾아본다'**는 2세 영아가 다양한 소리나 리듬 등의 음악적 요소, 색이나 형태 등과 같은 미술적 요소, 사람과 사물, 동식물의 움직임에서 아름다움을 발견하고 경험하는 내용이다.

예술경험 「창의적으로 표현하기」 내용 범주의 하위 내용으로 제시하고 있는 것은 '익숙한 노래와 리듬을 표현한다', '움직임과 춤으로 자유롭게 표현한다', '미술 재료와 도구로 표현해 본다', '일상생활 경험을 상상놀이로 표현한다'이다. 이들 중 '익숙한 노래와 리듬을 표현한다', '움직임과 춤으로 자유롭게 표현한다'는 예술경험의 음악적 요소를 내용으로 하고 있어, 미술교육에서 참고할 수 있다. **'미술 재료와 도구로 표현해 본다'**는 2세 영아가 스스로 다루기 적절한 재료와 도구를 이용하여 자유롭게 미술 표현을 시도하고 이 과정을 즐기는 내용이다. **'일상생활 경험을 상상놀이로 표현한다'**는 2세 영아가 일상생활에서 경험한 사건에 포함된 대상이나 상황을 상상놀이로 표현하며 즐기는 내용이다.

제4차 어린이집 표준보육과정에서는 2세 영아의 경험에 대한 실제 예시를 제시하고 있다.

| 표 5-6 | 영아 경험의 실제

노란색이야, 예뻐!
이틀 동안 비가 많이 온 후 바깥놀이터로 나가는 중, 성훈이는 "와, 키 컸네!" 하며 텃밭의 풀을 가리킨다. 영아들이 성훈이 곁으로 모여든다. "개미 개미! 여기!" 채린이가 발견한 개미를 예진이도 함께 살펴본다. 상호가 오이꽃을 보고 "이거 꽃!" 하며 가리킨다. 교사가 "작은 꽃이 피었구나." 함께 앉아 오이꽃을 바라본다. "노란색이야, 예뻐" 꽃을 보다가 지지대를 오르는 개미를 발견한다. "개미! (손으로 원 모양을 그리며) 이케이케 가!" "(교사도 손으로 원 모양을 그리며) 그래, 빙글빙글 개미가 올라가고 있네." 예진이는 "와, 예쁘다, 꽃 많아!" 꽃을 들여다보며 "이거 계란 같아." 하고는 교사를 바라본다. "아, 정말 계란을 닮았네." 교사는 미소 지으며 예진이가 보여주는 꽃을 바라보고 끄덕인다. 상호는 끝이 여러 갈래로 뻗은 바랭이 풀을 높이 들어 "우산!"하며 교사를 본다. 교사는 "선생님도 우산!"하며 상호처럼 풀을 들고 우산 쓰는 시늉을 한다. 상호가 빙그레 웃는다.

실제 예시에서 나타난 영아의 경험을 이해하기 위하여 교사가 면밀히 관찰한 내용과 이에 따른 교사의 지원 내용도 제시하고 있다. 이를 살펴보면 다음과 같다.

영아의 경험을 이해하기 위한 관찰의 내용	• 영아들은 비가 온 뒤 풀이 많이 자란 풍경, 꽃의 색, 작고 여린 꽃, 우산이 연상되는 풀의 모양을 경험하며 아름다움을 느끼고 즐겼다. • 영아들은 개미를 발견하고 움직임을 살펴보고, 풀과 꽃에 관심을 가지고 관찰하였다. • 영아들은 달걀이 연상되는 꽃의 색, 우산이 생각나는 풀의 모양, 개

	미 움직임의 나선형을 경험하며 색, 모양, 움직임에서 아름다움을 발견하였다. • 영아들은 꽃과 풀을 보며 자신의 느낌과 생각을 말로 표현하였다.
교사의 지원 내용	• 공간과 일과 - 영아가 바깥놀이 공간에서 여유롭게 보낼 수 있도록 일과 운영을 하여 풀과 꽃, 개미를 마음껏 살피고 아름다움을 느낄 수 있도록 지원하였다. • 자료 - 일상적인 바깥놀이터의 풀과 꽃, 개미는 영아가 아름다움을 즐기고 찾을 수 있는 대상이 되었다. • 상호작용 - 영아가 풀과 꽃, 개미에 보인 관심을 수용하고 교사도 흥미롭게 반응하여, 영아의 관심이 지속되고 이를 통해 아름다움을 느낄 수 있었다. - 영아가 풀과 꽃, 개미의 움직임에서 느끼며 표현한 것을 말뿐 아니라 미소, 끄덕임, 따뜻한 눈빛과 같은 비언어적 표현으로 반응해 주었다. - 교사는 영아가 풀을 우산으로 상상하며 쓰는 놀이를 함께 즐겼다. • 안전 - 바깥놀이터에서 영아들과 개별적인 상호작용을 하는 한편 수시로 다른 영아들을 확인하고 지켜보며 안전하게 놀이할 수 있도록 하였다.

2세 영아는 자연과 생활 속에서 경험하는 다양한 감각 자극을 통해 아름다움을 느끼고, 아름다움을 인식하게 된다. 이 경험을 통해 점차 아름다움에 관심을 가지고 찾아보며 표현하기를 즐긴다. 스스로 다룰 수 있는 재료와 도구로 미술을 즐기며 일상에서 체험한 것을 상상놀이로 표현하며 즐거움을 경험한다. 예술경험 영역은 2세 영아가 일상에서 아름다움을 느끼고 즐기며 이를 통해 자신의 생각이나 느낌을 자유롭게 표현하는 경험을 가지도록 하는 내용이다. 영아는 이러한 경험을 통해 감수성을 계발하고 심미적 태도를 증진시킬 수 있다. 이를 위하여 교사는 영아가 익숙한 일상에서 접하는 대상과 공간에 주의를 기울여 아름다움을 느낄 수 있도록 충분한 시간과 여유로운 공간을 제공하도록 한다. 또한 영아가 다양한 예술을 저마다의 방법으로 자유롭게 표현하고 즐기도록 돕는다. 이 과정에서 교사는 개별 영아의 느낌과 생각, 표현 방법을 존중하여 자유롭고 편

안한 분위기에서 자신의 생각을 표현하도록 지원한다.

2 2019 개정 누리과정과 유아미술교육

1) 개정 누리과정의 이해

이 부분에서는 국가수준의 교육과정인 2019 개정 누리과정(교육부, 보건복지부, 2019)에서 제시하는 교육의 목적 및 목표, 그리고 관련 내용에 대해 요약하여 제시하고자 한다. 2019 개정 누리과정은 어린이집과 유치원에서 공통으로 운영하는 '국가수준의 공통 교육과정'이다. 개정 누리과정은 건강한 사람, 자주적인 사람, 창의적인 사람, 감성이 풍부한 사람, 더불어 사는 사람의 인간상을 제시하였다. 개정 누리과정의 목적은 유아가 놀이를 통해 심신의 건강과 조화로운 발달을 이루고 바른 인성과 민주 시민의 기초를 형성하는 데에 있다.

유치원교육과정은 1969년 최초로 국가 수준 교육과정으로 제정, 공포된 이후 여러 차례의 개정을 거쳐 「2007 개정 유치원 교육과정」으로 이어졌다. 이후 유치원에서는 유치원교육과정을, 어린이집에서는 표준보육과정을 운영하였으나, 이원화된 운영체제를 정비해야 할 필요성이 제기되었다. 2011년 5월, 유아교육 · 보육에 대한 국가의 책임을 강화하기 위해 5세의 유아교육과 보육내용을 통합하여 일원화한 공통과정이 고시되었다. 2011년 9월에는 교육과학기술부와 보건복지부가 「5세 누리과정」을 '공통과정'으로 제정하여 고시하고 2012년 3월부터 유치원과 어린이집에 다니는 모든 5세 유아에게 공통으로 시행하였다. 유아교육 · 보육에 대한 국가 책임이 강화됨에 따라 국가는 누리과정 적용 대상을 5세에서 3~4세 유아까지 확대하였다. 2012년 7월, 유치원과 어린이집에 다니는 3~5세 유아를 위한 교육 · 보육을 통합한 '공통과정'인 「3~5세 연령별 누리과정」을 개정 · 고시하였다.

교육부는 국정과제 구현과 출발선 평등 실현을 위해 2017년 12월 '유아교육 혁신방안'을 발표하였다. '유아교육 혁신방안'의 주요 내용으로 '유아가 중심이 되는 놀이 위주의 교육과정 개편'이 명시되었다. 이에 유아 · 놀이 중심 교육과정 개편 방향을 반영하여 2019년 7월 「2019 개정 누리과정」이 고시되었다. 「2019 개정 누리과정」은 유치원과 어린이집에 다니는 3~5세 유아에게 공통으로 적용되는 교육과정으로 2020년 3월부터 시행하였다.

이에 따라, 최근 교육과정은 교수자가 학습자의 배움을 예상하여 사전에 조직하는 교사 중심에서 학습자가 주체가 되는 배움 중심으로 변화하고 있다. 개정 누리과정은 '유아와 놀이'를 최우선으로 존중하는 교육과정이다. 이는 교사가 미리 계획안 활동을 중심으로 진행되는 '교사 중심' 교육과정을 지양한다. 유아 · 놀이 중심 교육과정은 유아의 놀이가 가지는 배움의 의미를 새롭게 이해하는 데서 출발한다. 그동안 유아교육에서는 유아의 놀이를 교육의 기본 정신으로 강조하였다. 그러나 한편으로는 유아가 스스로 놀이하며 배우고 있는지에 대한 걱정과 불안이 있었다. 또한 교사가 놀이보다는 활동을 통해 지식을 가르치는 것에 집중한다는 반성이 이루어지기도 하였다. 개정 누리과정에서는 이러한 점을 고려하여 교사가 놀이의 의미와 가치를 재이해하는 것이 필요함을 강조하였다. 교사가 가르치지 않아도 유아가 놀이하며 스스로 배울 수 있음을 이해하는 것은 놀이 중심 교육과정을 실천하는 데 중요한 출발점이 된다. 따라서 개정 누리과정의 교수 · 학습에서 유아가 놀이를 통해 배우도록 함을 명시하였다. 또한 5개 영역의 내용이 교사가 가르쳐야 할 내용이 아니라 유아가 경험하며 스스로 배우는 내용이라는 것을 구체적으로 설명하여 교사가 유아의 놀이와 배움을 재이해할 수 있도록 안내하였다.

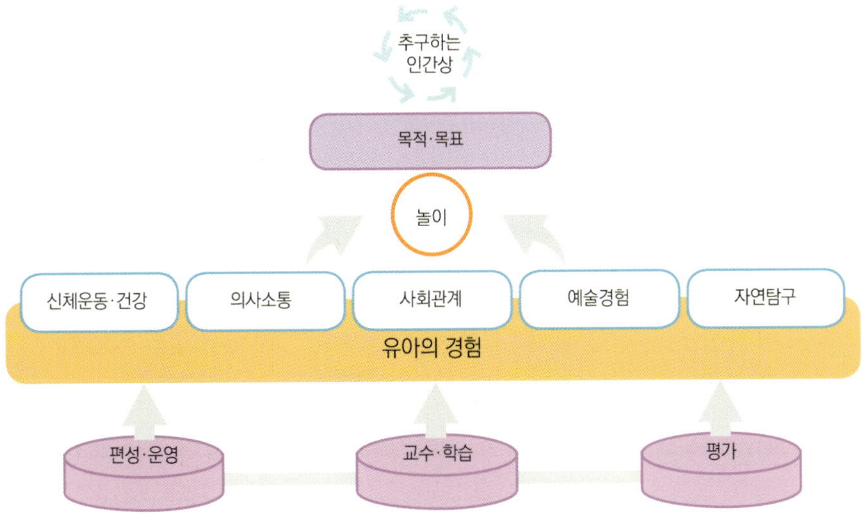

그림 5-1 개정 누리과정의 구성
출처: 교육부, 보건복지부(2019).

2) 개정 누리과정 예술경험 영역의 목표와 내용

예술경험 영역은 유아가 자연, 생활, 예술에서 아름다움을 찾아보고 느끼며, 다채롭고 창의적인 방법으로 자신의 경험, 생각, 느낌을 표현해 보고, 다양한 예술 표현을 존중하는 경험과 관련된 내용이다. 이에, 유아미술교육과 밀접하게 연결되어 있다.

개정 누리과정 예술경험의 목표를 살펴보면, 「아름다움과 예술에 관심을 가지고 창의적 표현을 즐긴다」이다. 이러한 목표 아래 하위 세 가지의 목표가 다시 제시되고 있는데, 이는 다음과 같다.

① 자연과 생활 및 예술에서 아름다움을 느낀다.
② 예술을 통해 창의적으로 표현하는 과정을 즐긴다.
③ 다양한 예술 표현을 존중한다.

예술경험 영역의 내용범주는 유아가 자연, 생활, 예술에서 아름다움을 느끼고, 예술에서 자신의 느낌과 생각을 창의적으로 표현하는 과정을 즐기며, 다양한 예술작품을 감상하며 다른 사람의 예술 표현을 존중하는 내용으로 구성되었다. **아름다움 찾아보기**는 유아가 자연과 생활에서 아름다움을 느끼며 예술적 요소에 관심을 가지고 찾아보는 내용으로 구성되어 있다. **창의적으로 표현하기**는 유아가 노래를 즐겨 부르고, 간단한 소리와 리듬을 만들어보며, 자유롭게 움직이며 춤추고, 다양한 미술 재료와 도구를 활용하여 표현하며, 경험과 이야기를 극놀이로 표현하는 내용으로 구성되어 있다. **예술 감상하기**는 유아가 자신과 또래의 작품뿐만 아니라 다양한 예술을 감상하며 상상하기를 즐기고, 서로 다른 예술 표현을 존중하며, 우리 고유의 전통 예술에 친숙해지는 내용으로 구성되어 있다.

표 5-7 예술경험 내용

내용범주	내용
아름다움 찾아보기	• 자연과 생활에서 아름다움을 느끼고 즐긴다. • 예술적 요소에 관심을 갖고 찾아본다.
창의적으로 표현하기	• 노래를 즐겨 부른다. • 신체, 사물, 악기로 간단한 소리와 리듬을 만들어 본다. • 신체나 도구를 활용하여 움직임과 춤으로 자유롭게 표현한다. • 다양한 미술 재료와 도구로 자신의 생각과 느낌을 표현한다. • 극놀이로 경험이나 이야기를 표현한다.
예술 감상하기	• 다양한 예술을 감상하며 상상하기를 즐긴다. • 서로 다른 예술 표현을 존중한다. • 우리나라 전통 예술에 관심을 갖고 친숙해진다.

내용범주 아름다움 찾아보기의 구체적인 내용은 '자연과 생활 및 예술에서 아름다움을 느낀다'와 '예술적 요소에 관심을 갖고 찾아본다'이다. **'자연과 생활에서 아름다움을 느끼고 즐긴다'**는 유아가 자신의 주변에서 만나는 자연, 공간, 사물 등의 아름다움을 풍부하게 느끼며 즐기는 내용이다. **'예술적 요소에 관심을 갖고 찾아본다'**는 유아가 주변의 자연과 생활에서 다양한

소리나 리듬 등의 음악적 요소, 색이나 형태 등과 같은 미술적 요소를 발견하고, 사물이나 동식물의 움직임에서 아름다움을 경험하는 내용이다.

내용범주 창의적으로 표현하기의 내용에는 다섯 가지의 내용이 제시되어 있는데, 미술 관련 내용은 '다양한 미술 재료와 도구로 자신의 생각과 느낌을 표현한다'이다. '**다양한 미술 재료와 도구로 자신의 생각과 느낌을 표현한다**'는 유아가 자연과 생활에서 발견한 다양한 재료와 도구를 활용하여 여러 가지 방법으로 표현하는 내용이다. 유아가 자신의 경험, 느낌, 생각 등을 창의적으로 표현하는 과정을 즐기는 내용으로 구성한다.

내용범주 예술 감상하기의 내용은 '다양한 예술을 감상하며 상상하기를 즐긴다', '서로 다른 예술 표현을 존중한다', '우리나라 전통 예술에 관심을 갖고 친숙해진다'이다. '**다양한 예술을 감상하며 상상하기를 즐긴다**'는 유아가 자신과 또래의 작품, 미술작품, 극 등 다양한 예술을 감상하고 자유롭게 상상하기를 즐기는 내용이다. '**서로 다른 예술 표현을 존중한다**'는 유아가 자신과 또래의 작품 등에 포함된 다양한 표현을 존중하는 내용이다. '**우리나라 전통 예술에 관심을 갖고 친숙해진다**'는 유아가 우리나라 고유의 전통에 관심을 가지고 전통 예술을 감상하며 우리나라 문화에 친숙해지는 내용이다.

개정 누리과정은 단편적인 활동보다는 놀이를 중심으로 유아의 경험을 통합적으로 이해하는 것을 추구한다. 개정 누리과정은 예술경험 영역의 통합적 이해의 예시를 제시하고 있는데, 이를 살펴보도록 한다.

표 5-8 유아 경험의 실제

비 오는 날
비가 내리는 날, 창문 밖을 바라보던 유아들은 선생님에게 바깥으로 나가자고 제안한다. 우비와 장화 차림으로 친구들과 함께 바깥 놀이터로 나온 신유와 지효는 친구들과는 조금 떨어진 곳으로 걸어간다. 그리고 비가 와서 생긴 흙탕물 도랑을 밟으며 말없이 천천히 걷는다. 신유: (작은 목소리로) 소리가 난다. 지효: (미소 지으며 작은 목소리로) 응. 우비에서 소리가 난다. 신유: 응. 신발에서도 소리가 난다. … 이것 봐. 발자국이 생긴다. 지효: 너 발자국 위에 내 발자국 올라간다. 지효가 화단에 동백꽃잎들이 떨어진 것을 발견하고 동백꽃잎을 줍는다. 지효가 "아 정말 부드럽다."라고 말하자 신유가 "살살 만져야겠어. 우리 동백꽃잎 케이크 만들자. 정말 맛있을 거야." 하며 제안한다. 지효는 동백꽃잎을 주워 오고, 신유는 동백꽃잎으로 케이크를 만들기로 한다. 신유는 큰 냄비에 모래를 가득 담아 바닥에 엎고, 작은 그릇에도 모래를 가득 담아 그 위에 엎는다. 그리고 손으로 모래를 다듬으며 동백꽃잎을 하나씩 꽂는다. 교사가 분홍색 꽃잎이 비에 젖으니까 더 선명하고 예쁜 것 같다고 말한다. 신유는 "동백꽃잎 케이크예요. 친구에게 선물하고 싶어요."라고 말하며 계속 모래를 다듬으며 동백꽃잎을 꽂고, 지효는 계속 동백꽃잎을 주워 신유에게 전달한다. 동백꽃잎 케이크를 만든 뒤 지효는 화단에서 짧고 가느다란 나뭇가지를 주워 온다. 그리고 작은 목소리로 신유에게 "나무가 연필이라고 생각하고 서로 그려 주자."라고 말한다. 지효와 신유는 모래 위에 서로의 모습을 나뭇가지로 그려준다.

위에 제시된 유아의 경험을 5개 영역을 토대로 통합적으로 이해해 보자. 먼저, **신체운동 · 건강 영역 측면**에서 유아들은 발로 천천히 걷기, 발자국 만들기, 엄지와 검지로 조심스럽게 꽃잎 줍기, 손바닥으로 모래 다듬기 등의 신체를 인식하고 움직이는 경험을 하였다. 또한 신체 움직임을 조절하기도 하였는데, 유아들은 동백꽃잎, 젖은 모래, 나뭇가지 등 사물의 특성에 따라 손가락 힘의 강도를 조절하였다. **의사소통 영역 측면**에서 유아들은 빗소리와 물웅덩이 등에 대해서 다양한 표현을 하며 서로의 이야기를 관심 있게 듣고 말하였다. 또한 유아들은 동백꽃 잎이 떨어진 모습을 보며 서로의 생각을 말하고 상대방의 말이나 이야기를 듣고 적절하게 반응하였

다. **사회관계 영역 측면**에서 유아들은 동백꽃잎 케이크를 만들기 위해 서로 역할을 분담하며 협력하였다. **자연탐구 영역 측면**에서 유아들은 젖은 모래는 마른 모래보다 잘 뭉쳐지기도 하지만 모래이기 때문에 잘 부스러진다는 특성을 자연스럽게 탐색하는 것을 관찰할 수 있다.

예술경험 영역 측면에서 유아들은 비가 내리는 날 만나는 자연과 공간, 사물에서 아름다움을 발견하고 풍부하게 느꼈다. 말없이 조용히 걸으며 주의를 기울여 빗소리를 들었으며, 화단에서 발견한 동백꽃잎으로 동백꽃잎 케이크를 만들고, 서로의 모습을 그려주는 모든 과정에서 아름다움을 느끼고 즐겼다. 또한 유아들은 예술적 요소에 관심을 갖고 찾아보았다. 동백꽃잎의 분홍빛, 곡선, 부드러운 질감과 모래의 까끌까끌한 질감 등의 미술적 요소에 주의를 기울이고, 케이크를 동백꽃잎과 불그스름한 나뭇잎으로 장식하며 케이크의 꼭대기에 동백꽃 한 송이를 장식하는 과정을 통해 색, 모양, 질감, 공간을 탐색하였다.

유아는 일상에서 아름다움과 경이감을 느끼고 즐기며 표현하는 풍부한 감성을 가진 존재이다. 교사는 유아가 아름다움을 느끼고 즐기며 창의적으로 표현하는 과정을 통해 풍부한 감수성을 기르도록 도울 수 있다. 또한 유아가 다양한 예술 감상을 통해 상상력을 키우고 예술 표현이 가지고 있는 고유의 가치를 존중하도록 지원할 수 있다.

3) 유아미술교육의 방향

개정 누리과정의 가장 중요한 핵심 요소 중 하나는 유아중심, 놀이중심 교육이다. 유아중심, 놀이중심 교육과정은 유아가 배우고 익히는 교육의 전 과정을 놀이를 통해 이루고자 하는 것이다. 개정 누리과정에서 강조하는 놀이는 유아미술교육에서도 이루어져야 한다. 유아의 미술활동은 다양한 교육적 경험을 창출할 수 있는 즐거운 놀이이며, 신나는 경험이다. 유아는 미술활동을 통해 새로운 세계를 탐색하는 경험을 증가시키고, 다양한 미술재료를 사용한 경험을 축적하여 자신만의 미술놀이를 창출할 수 있다(이민영, 2019).

이은영과 전유영(2020)은 기존 미술교육에 대한 인식과 유아 · 놀이 중심 미술교육에 대한 인식을 유치원 교사를 대상으로 질적 분석하였다. 그 결과, 기존 미술교육과 유아 · 놀이 중심 미술교육에 대한 교사의 인식을 다음과 같이 비교하였다. 이를 요약하여 제시한다.

기존 미술교육	교사 주도적인 미술활동 생활주제에 국한된 미술활동 결과 중심의 보여주기식 미술활동 획일적인 공간 구성과 그리기 위주의 미술활동
유아 · 놀이 중심 미술교육	유아로부터 시작되고 교사가 지원하는 미술교육 놀이처럼 자유롭게 즐기는 미술 유아의 개별적 흥미와 개성 반영 시 · 공간과 재료의 제한이 없는 미술 미술 재료와 도구, 표현기법의 자유로운 탐색 다른 활동과 통합된 형태의 미술놀이와 활동

기존 미술교육에서 교사들은 유아의 흥미나 요구를 고려하기보다 교사로서 교육적 목표나 의도를 미리 설정하여 미술의 주제, 내용, 자료, 방법 등 미술활동 전반을 계획하였다. 유아에게 자신이 준비한 활동을 소개해 주고 시범을 보였다. 교사 주도적인 미술활동이 이루어졌던 것이다.

개정 누리과정이 시행되기 전까지 유아교육은 생활주제 중심 통합교육과정을 운영하였다. 이로 인해 유치원 교사들은 미술교육도 반드시 생활주제와 연계되어야 한다고 인식하였다. 교사들은 해마다 교사용 지도서의 생활주제를 반복적으로 다루면서 미술활동에 변화를 주지 못하였다. 유아가 생활주제와 관련이 없는 것에 흥미를 보이더라도 생활주제와 관련된 미술활동을 중심으로만 운영해 왔다.

교사들은 학부모의 기대와 요구에 부응하기 위해 미술활동 과정 자체에 의미를 두기보다 활동 결과물과 완성도를 강조하였다. 유아가 즐겁게 참여하는 것이 미술교육의 목표임을 알고 있음에도 불구하고, 미술활동을 계획할 때 결과물을 먼저 생각하였다. 교사는 미술활동 결과물을 가정에 보내야 한다고 생각하였고, 반제품을 많이 활용하였다. 왜냐하면, 반제품은 유아의 미술 실력의 평균을 보장할 수 있고 완성도도 높으며, 학부모의 만족도도 높기 때문이었다.

미술영역은 대개 환경구성의 원리에 따라 수도와 가깝고 햇빛이 잘 드는 창가에 비치하고, 활동하기에 편리한 책상, 다양한 재료와 도구를 정리, 수납할 수 있는 정리장, 작품 전시대 등이 마련되어 있다. 이러한 미술영역의 환경구성은 학급이나 유아의 연령에 상관없이 모두 비슷하다. 이러한 환경에서 가장 손쉽게 할 수 있는 미술활동은 그리기 활동이다. 그리기 위주의 활동이 많은 이유이다. 그리기 위주의 미술활동은 개별 유아의 흥미와 요구를 반영하지 못하는 경우가 많다.

유아 · 놀이중심 미술교육은 유아로부터 시작되고 교사는 이를 지원하는 교육이다. 교사가 미술활동을 계획하고 주도하는 것이 아니다. 유아가 흥미와 관심에서부터 미술놀이와 활동을 시작하였을 때, 이것이 유아 · 놀이중심 미술교육이다. 유아는 자연스럽게 미적 표현 욕구를 드러낸다. 교사는 놀이판을 깔아주고 유아의 놀이를 잘 관찰하며, 놀이 안에서 다양한 미술을 경험하도록 지원해야 한다.

유아 · 놀이 중심 교육은 유아가 자신만의 방식으로 자유롭게 놀이를 이끌어가면서 자신의 유능함을 드러내고 즐겁게 배우며 성장하는 것을 뜻한다. 유아 · 놀이 중심 미술교육은 놀이처럼 미술을 자유롭게 즐기는 것이다. 또한 유아 · 놀이 중심 미술교육은 어떤 결과물을 만들어내는 것이 아니라 유아가 놀이처럼 미술을 자연스럽게 경험하고 즐기는 과정이 되어야 한다. 이를 위해 교사는 활동 결과물을 중시해왔던 태도를 변화시켜야 한다.

유아 · 놀이 중심 미술교육은 유아가 자신만의 방식으로 자유롭게 개성을 발휘하며 미술활동을 하는 것이다. 이를 위해 교사는 개별 유아에게 관심을 가져야 하며, 이들의 생각과 표현을 있는 그대로 존중하고 각자 흥미와 관심에 따라 미술놀이가 이루어질 수 있도록 적절한 지원을 해야 한다.

환경은 놀이가 다양하게 이루어질 수 있도록 하는 중요한 요인이다. 개정 누리과정은 풍부한 놀이자료를 제공하고 유아가 주도적으로 놀이 공간을 변형하고 창조할 수 있도록 교사가 지원해야 함을 강조하고 있다. 개정 누리과정이 시행된 이후, 교실 밖에서 움직임이 많은 미술활동을 시도하고, 미술 재료의 선택은 교사가 아니라 유아가 원하는 것이어야 한다. 유아가 물에 젖은 붓으로 그릴 때와 마른 붓으로 그릴 때, 다르게 표현된다. 천을 접는 방법에 따라 염색되는 모양이 달라진다. 유아·놀이 중심 미술교육은 미술 재료나 도구, 표현기법을 자유롭게 탐색하도록 이끌어준다. 교사는 유아가 놀이에 몰입할 수 있도록 충분한 놀이시간을 제공할 필요가 있다.

유아의 놀이는 특정 교과나 영역별로 이루어지는 것이 아니라 통합적으로 일어난다. 놀이 중심 미술교육은 미술놀이로 끝나는 것이 아니라 다른 놀이나 활동으로 확장되기도 하고, 다른 놀이나 활동을 하면서 자연스럽게 미술을 통합적으로 경험한다.

종합하면, 유아미술교육은 놀이를 통해서 이루어져야 할 것이다. 유아미술교육은 미술작품의 완성에 두는 것을 삼가고, 다양한 재료를 충분히 경험할 수 있도록 재료를 스스로 선택하여 활동하도록 해야 한다. 교사는 다양한 대상물을 충분히 탐색할 수 있도록 유아의 시간을 방해하거나 지나치게 개입하지 않도록 한다. 유아가 미술활동을 통해 어떠한 경험을 표현하는지, 그 경험의 내용은 무엇인지, 교사는 귀를 기울여야 할 것이다.

활동해 봅시다

1. 0~1세 영아를 위한 미술교육의 실제를 관찰하고, 교사의 역할을 제시해 봅시다.

2. 0~1세 영아를 위한 미술교육과 2세 영아를 위한 미술교육에서 나타난 교사의 역할을 분석해 보고, 차이점과 공통점을 토론해 봅시다.

3. 놀이를 통한 미술교육이 실행되고 있는 현장 사례를 제시하고, 놀이를 통한 미술교육의 발전방안을 제시해 봅시다.

Chapter

06 유아미술교육의 교수 · 학습방법

학습목표

1. 유아미술교육의 원리를 탐구한다.
2. 유아미술교육의 교수·학습 방법을 탐구한다.
3. 유아미술교육을 위한 교사의 역할을 제시한다.

본 장에서는 미술교육에서 추구하는 유아를 위한 교수 · 학습방법을 살펴보고자 한다. 유아미술교육의 원리로써 논의되어온 개별화, 개방성, 놀이중심, 통합적 접근 등을 살펴보고, 교수 · 학습방법으로 탐색활동 교수방법, 감상활동 교수방법, 통합적 교수방법을 탐색하여 발달에 적합한 교수 · 학습방법을 모색하고자 한다.

1 유아미술교육의 원리

1) 개별화

발달에는 개인차가 존재한다. 발달의 개인차는 한 개인 내에서 발달영역의 성장과 성숙에 따라 다르게 나타나기도 하고, 개인들 간의 차이에 따라 나타나기도 한다. 일생에서 가장 급속한 성장이 이루어지는 영유아기는 발달의 개인차가 특히 심하게 나타나는 시기이다. 같은 연령이라고 할

지라도 같은 성장 속도로 발달하지 않는다. 영유아는 저마다 다른 학습기능을 나타내며, 학습속도 또한 다르다. 영유아는 서로 다른 흥미를 나타내며, 저마다 다른 문제해결 방식을 가지고 있다. 따라서 개인차를 나타내는 영유아에게 동일한 방법으로 미술활동을 제시한다면 이는 발달에 적합한 교육이 아니다. 그러므로 영유아를 대상으로 미술활동을 운영할 때에는 발달 수준에 적합하게 개별화하여 운영하는 것이 중요하다. 개별화란 학습자 개개인의 특성에 따라 적절한 수업방법을 적용하는 것(서울대학교 교육연구소, 1995)이다. 미술교육에서 개별화를 통한 수업을 운영하기 위해서 교사는 먼저 영유아 개개인의 발달 수준, 요구, 흥미, 미술활동에 대한 호기심을 파악하여야 한다. 또한 개개인의 발달 수준에 따른 재료와 활동을 제공하여야 한다. 교사는 영유아가 동일한 환경과 활동 가운데서도 그 상황과 사실에 대해 느끼는 기분이나 반응이 제각기 상이함을 인식하고 융통성 있는 교수전략을 제공해야 한다.

2) 개방성

개방성이란 태도나 생각 따위가 거리낌 없고 열려 있는 상태(표준국어대사전, 2021)를 의미한다. 유아미술교육에서의 개방성은 영유아의 선택을 인정하는 것에서부터 출발한다. 미술활동의 주제, 재료, 표현 방법, 평가에 이르기까지 영유아가 스스로 자신의 미술활동 전 과정을 자유롭게 진행할 수 있어야 한다. 이러한 과정에서 영유아는 보다 깊이 있는 미적 체험을 할 수 있고 창의적인 사고와 표현을 할 수 있게 된다. 교사는 적절한 매체 선택과 표현의 기회를 제공하고 지시하기보다는 인정하고 격려해 주는 것이 바람직하다.

3) 놀이중심

놀이는 일반적으로 자발적이며, 과정 중심적이고, 재미를 토대로 하는 특징이 있다. 놀이는 영유아가 스스로 활동에 몰입하도록 하며, 자기 주도적이며 자기 조절을 가능하게 한다. 이러한 특성은 미술 활동을 통해서도 드러나야 한다. 다른 놀이와 마찬가지로 미술 활동도 교사 주도적 활동이 아닌 영유아가 주도하는 미술놀이가 되어야 하는 것이다. 특히 2019 개정 누리과정은 교사가 주도하는 활동 중심 교육에서 벗어날 것을 제시하고 있다. 영유아가 스스로 주도하고 스스로 통제하며 몰입하는 놀이로의 변화를 강조하는 것이다. 이에 따라 미술 활동은 영유아의 미술놀이로 변화하여야 하며, 미술교육은 학습활동이 아닌 놀이로 인식되어야 하는 것이다. 놀이가 진행되는 과정에서 흥미와 재미를 얻게 되고 결과물에 대한 부담이 최소화된다. 그러므로 영유아가 자발적으로 참여하고 주도적으로 즐기고 몰입하도록 놀이 중심의 미술 활동이 전개되어야 한다.

4) 통합적 접근

과거 미술교육은 표현 기술을 기르거나 감상을 통해 심미감을 느끼는 정도에 한정하여 교육하던 시대가 있었다. 최근에는 이러한 미술교육의 한계를 넘어서 영유아의 삶과 발달 전반에 영향을 미치는 중요 요소로써 미술교육이 강조되고 있다. 영유아 미술교육의 목적은 영유아의 발달에 적합한 감상력과 향유력, 미술적 태도 및 기술, 심리적 기제 및 시각적 의사소통, 창의력과 예술적 소양에 이르기까지 폭넓게 제시되고 있다. 이러한 목적을 이루기 위해서 미술교육은 통합적 접근이 유용하다. 통합적 접근이란 유아교육의 전통적 활동방법으로, 미술 내용 영역 간의 통합, 미술과 다른 교과와의 통합, 주제를 중심으로 다양한 활동들의 통합이라고 할 수 있다(임지수, 2017). 또한 통합적 접근은 발달의 다양한 영역이 서로 분리되어 발달하는 것이 아니라 서로 영향을 주며 통합적으로 발달한다(이선희, 노지영, 박옥주, 전수희, 2020)는 발달영역 간의 통합 의미를 내포하고 있다. 통합적 접근에 대한 선행연구의 결과를 살펴보면, 유아의 미적 반응과 미술표현 능력, 창의성 발달과 정서 지능의 발달, 과학적 태도 및 사회성 발달에 효과가 있다(임지수, 2017)고 제시하고 있다. 따라서 교사는 미술 영역에 한정하지 말고, 다양한 영역을 연계하고 영유아가 원하는 재료와 방법으로 활동하는 것이 필요하다.

2 유아미술교육의 교수 · 학습방법

1) 탐색활동 교수방법

탐색활동은 감각적이고 직접적인 경험을 통해 주변의 예술적 요소를 찾고 느끼며, 다양한 미술재료, 매체, 도구들을 탐색하는 것이다. 유아는 직접적 경험인 보고 듣고 만지고 냄새 맡고 맛보는 것을 통해 주변 세계를 알게 된다. 미술과 관련된 미적 요소도 이러한 탐색을 통해 이해할 수 있게 되는 것이다. 유아는 만져보고 찢어보고 두드려보고 냄새 맡는 등 자연적인 호기심을 발동하며 흥미롭게 탐색한다. 유아의 자연스러운 탐색은 자연과 사물의 미술적 요소들에 대한 인식과 지각력을 증진시킨다. 또한 재료의 특성과 표현기법을 이해하도록 도와 자유롭고 자신 있는 표현활동을 이끈다(김래미, 2015).

탐색활동을 위주로 한 유아미술교육 선행연구에서 제시하고 있는 교수학습방법을 나열하면 다음 표와 같다.

| 표 6-1 | 탐색활동 위주의 유아교육 교수학습방법

<table>
<tr><th>학자</th><th>프로그램명</th><th colspan="3">교수학습방법</th></tr>
<tr><td rowspan="5">안상화
(2020)</td><td rowspan="5">자연물
표상을 통한
유아미술교육</td><td>도입</td><td colspan="2">자연물 탐색하기: 자연물 특성 관찰하기, 자연물에 대한 경험, 느낌, 생각 나누기</td></tr>
<tr><td rowspan="3">전개</td><td colspan="2">자연물 표상하기: 표상의 유형 구상하기, 언어 · 구체물 · 그림 · 기호로 표상하기</td></tr>
<tr><td colspan="2">미술 주제 정하기: 결과물 소개하기, 미술활동의 주제와 표현방법 협의하기</td></tr>
<tr><td colspan="2">다양하게 구상하기: 다양한 재료로 미술 활동하기, 독창적으로 표현하기</td></tr>
<tr><td>마무리</td><td colspan="2">감상 및 공유하기: 미술작품 감상하기, 새롭게 알거나 느낀 점, 즐거웠던 점 공유하기</td></tr>
<tr><td rowspan="4">손혜경
(2016)</td><td rowspan="4">자연물
미술교육
프로그램</td><td>개념인식</td><td colspan="2">미술적 요소에 대해 알기</td></tr>
<tr><td>탐색하기</td><td colspan="2">생활 주변 자연과 자연물에서 미술적 요소 찾아 탐색하기</td></tr>
<tr><td>표현하기</td><td colspan="2">다양한 미술기법을 사용하여 자연물로 표현하기</td></tr>
<tr><td>감상 · 토의하기</td><td colspan="2">또래와 작품에서의 미술적 요소를 찾아 감상 · 토의하기</td></tr>
<tr><td rowspan="5">함영숙
(2014)</td><td rowspan="5">전통미술과
자연의
미적요소에
기초한
유아미술교육</td><td>도입</td><td>상상하기</td><td>전통미술과 자연에 담겨 있는 의미를 알고 아름다움을 통하여 상상하고 재료에 관심을 가진다.</td></tr>
<tr><td rowspan="2">전개</td><td>교감하기</td><td>전통미술과 자연의 미적 요소에서 공통적인 요소를 찾아 교감의 기회를 가진다.
전통미술과 자연의 미적 요소의 특성을 이해하고 상호작용을 통하여 풍부한 상상력을 기른다.</td></tr>
<tr><td>표현하기</td><td>전통재료와 자연친화적인 자연물 · 재료를 활용하여 적극적으로 탐색하고 창의적인 표현을 통하여 즐긴다.</td></tr>
<tr><td rowspan="2">마무리</td><td>감상하기</td><td>서로의 작품을 칭찬하여 주고 존중하며 미술적으로 공유하고 감상한다.</td></tr>
<tr><td>평가하기</td><td>작품에 대하여 이야기 나누며 격려하여 주며 긍정적으로 평가에 참여한다.</td></tr>
</table>

안상화(2020)는 자연물 표상을 통한 유아미술교육 프로그램을 개발하였는데, 교수학습 방법을 3단계로 제시하였다. 도입 단계에서는 자연물 탐색하기를 하며, 영유아가 자연물의 특성을 관찰하고 자연물에 대한 경험과 느낌을 서로 나눈다. 전개 단계에서는 자연물을 언어, 그림, 기호 등으로 표상해 보고 미술 주제를 정하여 다양한 구성활동을 한다. 마무리 단계에서는 서로의 작품을 감상하고 공유한다.

손혜경(2016)은 자연물 미술교육 프로그램을 개발하고 교수학습 방법을 4단계로 제시하였다. 개념 인식하기 단계에서는 미술적 요소의 개념과 이해를 위해 교사 주도적 지도방법을 수행한다. 탐색하기 단계에서는 교사가 안내자, 촉진자의 역할을 수행하며 유아 주도적인 탐색활동을 수행한다. 표현하기 단계에서는 교사가 조력자로서의 역할을 수행하며 영유아가 자유롭게 활동한다. 감상 · 토의하기 단계에서 교사는 관찰자로서 역할을 하며 유아는 주도적 활동과 토의를 통해 상호작용한다.

함영숙(2014)은 전통미술과 자연의 미적요소에 기초한 유아미술교육 프로그램을 개발하고 교수학습 방법을 도입, 전개, 마무리의 3단계와 하위 5단계로 제시하였다. 도입 단계에서는 전통미술과 자연을 탐색하여 그 의미를 이해한다. 전개 단계에서는 교감의 기회를 갖고 상호작용을 하며 자연물과 재료를 탐색하여 창의적인 표현을 통해 즐긴다. 마무리 단계에서는 서로의 작품을 존중하며 감상하고 긍정적으로 평가에 참여한다.

이러한 연구에서 제시하는 탐색활동의 교수학습 방법을 종합하면, 자연물뿐만 아니라 다양한 미술도구와 재료들을 탐색하는 활동을 한다. 이후, 이를 창의적인 방법으로 표상하며 서로의 작품을 감상하고 격려하는 과정으로 수행된다.

탐색 → 표현 → 감상 → 격려

이러한 과정 중 나타나는 표현활동은 유아미술교육에서 의미 있는 활동이다. 표현활동이란 유아들이 자신의 경험, 생각, 느낌 등을 자유롭게 창의적으로 표현해 보는 것이다. 언어가 충분히 발달하지 않은 영유아기에 자신을 표현하는 방법으로 미술활동은 효과적인 의사전달 수단이 될 수 있다. 이에 다양한 재료와 매체를 사용하여 자신을 표현하는 경험은 유아에게 반드시 필요하다. 보고 느끼고 생각하는 것을 자유롭게 표현하는 활동은 유아 미술교육의 중심이 될 수 있다. 유아는 선, 색, 형 등의 미적 요소를 사용하여 자신의 생각과 느낌을 시각적으로 나타낸다. 유아 스스로 자신의 생각을 어떠한 형태와 색을 사용해서 표현할 것인지 생각하고, 이런 과정에서 같은 점, 차이점, 색, 질감 등을 알게 되며 주변 세계에 대한 지각적 민감성을 발달시키게 된다(김래미, 2015).

2) 감상활동 교수방법

감상활동은 일상에서 유아가 접하는 미술작품을 통해 아름다움을 느끼고 즐거운 마음으로 인식하고 이해하며, 작품의 미적, 문화적, 역사적 가치를 인식하는 과정이다. 사회와 문화의 전통, 신념과 가치를 접함으로써 서로의 생각이나 차이를 이해하며 존중하는 태도를 가지게 되어 궁극적으로 심미감을 발달시키게 되고 이를 통해 정서를 순화시킬 수 있게 되는 의미 있는 활동이다(김래미, 2015).

교사는 감상활동을 적절히 지도하기 위하여 감상교육 방법을 정확히 이해하여 교수 · 학습 과정에 좀 더 적절한 감상 방식을 적용하여야 한다. 일반적인 감상지도 방법을 간략화하면 아래 표와 같다(박문주, 2019).

표 6-2 감상지도 방법

구분		내용
태도적인 면	수용적 감상 vs 비판적 감상	• 수용적 감상: 미술작품을 감상하며 '이 작품은 세계적인 명작이다.'와 같은 선입관에 따라 작품을 대하는 태도
		• 비판적 감상: '작가의 의도는 무엇인가?'와 같은 질문을 하며 적극적인 자세로 작품을 해석하는 태도
방법적인 면	직관적 감상 vs 분석적 감상	• 직관적 감상: 작품과 직접 마주쳤을 때 여러 요인들을 따지지 않고 편안하고 직감적으로 감상하는 것
		• 분석적 감상: 선, 형태, 색감 등 작품에 사용된 요소를 분석하며 감상하는 방법
	자료 감상 vs 관점 감상	• 자유 감상: 자유롭게 미술작품을 대하며 조건을 고려하지 않고 있는 그대로 느끼는 것
		• 관점 감상: 작품의 주제, 구도, 재료, 양식, 색채 등 볼 것을 설정한 다음, 그에 따라 평가하고 분석하며 감상
양적인 면	단독 감상 vs 비교 감상	• 단독 감상: 작품 하나를 놓고 작품의 가치를 특정하게 평가하기 위해서 그 작품 하나만을 감상하는 방법
		• 비교 감상: 같은 특성을 가지고 있는 작품들을 서로 연결 지어 감상하는 방법
전체 감상 vs 세부 감상		• 전체 감상: 직감적으로 작품 전체를 보며 있는 감정 그대로 작품의 재료, 소재, 방법 등을 살펴보는 방법
		• 세부 감상: 전체를 나누어 세부적으로 작품을 살펴보는 방법

출처: 박문주(2019).

일반적인 감상활동 지도방법 이외에 대화 중심 감상법이 있다. 대화 중심 감상활동 지도방법은 영유아들이 주체적으로 미술작품에 관해 탐구하며 스스로 예술작품의 의미를 생산해 나가며 그것을 소중히 여기도록 지도하는 방법이다. 작품을 먼저 살펴보고 자기 나름의 의미를 생각해 보고 이야기하는 방식으로 진행된다. 대화 중심 감상활동 지도방법을 정리하면 다음과 같다.

작품 관찰 → 유아 의견 경청 → 좋은 점 발견 → 칭찬 → 공감

3) 통합적 교수방법

통합적 교수법이란 하나의 활동을 수행하기 위해서 수 · 과학, 음악, 미술, 언어 등의 다양한 교육의 내용을 통합적으로 제시하는 것을 의미한다. 영유아는 분리된 존재가 아니기에 교육과정의 경험이 유기적으로 통합되어야 한다. 미술교육에서도 다양한 영역의 경험이 통합적으로 연계될 수 있도록 교수해야 한다. 따라서 통합적 교수법을 적용하는 학자들은 미술교육이라는 용어보다는 예술교육이라는 용어를 더 많이 사용하는 경향이 있다.

통합적 교수법을 적용하여 유아미술교육 또는 유아예술교육을 시행한 관련 선행연구를 소개하면 다음 표와 같다.

| 표 6-3 | 통합적 교수법

<table>
<tr><th>학자</th><th>프로그램명</th><th colspan="3">교수학습방법</th></tr>
<tr><td>교육부,
보건복지부
(2019)</td><td>2019 개정
누리과정</td><td colspan="3">• 유아의 흥미와 관심에 따라 놀이에 자유롭게 참여하고 즐기도록
• 유아가 놀이를 통해 배우도록
• 유아가 다양한 놀이와 활동을 경험할 수 있도록
• 유아와 유아, 유아와 교사, 유아와 환경 간에 능동적인 상호작용이 이루어지도록
• 5개 영역의 내용이 통합적으로 유아의 경험과 연계되도록
• 개별 유아의 요구에 따라
• 유아의 연령, 발달, 장애, 배경 등을 고려하여 개별 특성에 적합한 방식으로</td></tr>
<tr><td rowspan="5">이경혜
(2019)</td><td rowspan="5">유아
예술통합교육
프로그램</td><td>1단계</td><td>이야기
나누기</td><td>• 예술작품에 대한 관심과 흥미 유도
• 생활주제 또는 예술작품 등과 관련한 유아 자신의 이야기</td></tr>
<tr><td>2단계</td><td>감상하기와
소개하기</td><td>• 그림과 음악에서 나타나는 미적 요소와 지식 탐색하기</td></tr>
<tr><td>3단계</td><td>창작하기와
표현하기</td><td>• 창안 및 창작하기
• 소그룹, 대그룹, 또는 개별 활동으로 표현해보기
• 창의적이고 다양한 예술통합교육활동</td></tr>
<tr><td>4단계</td><td>발표하기와
공유하기</td><td>• 창안 내용, 창작품 발표 및 공유</td></tr>
<tr><td>5단계</td><td>소감 나누기</td><td>• 소감 나누기, 다음 회차 활동 예고</td></tr>
<tr><td rowspan="3">Katz &
Chard
(2000)</td><td rowspan="3">프로젝트
접근법</td><td>도입
단계</td><td colspan="2">• 관심 주제를 선정. 주제와 관련된 다양한 경험 나누기
• 자신의 경험을 미술활동을 통해 표현</td></tr>
<tr><td>전개
단계</td><td colspan="2">• 질문, 의문에 대한 해결 활동.
• 주제와 연결된 다양한 자료 조사, 탐구, 경험 표현</td></tr>
<tr><td>마무리
단계</td><td colspan="2">• 활동 결과 전시, 발표
• 전 과정을 통해 얻은 정보를 내면화</td></tr>
</table>

교육부와 보건복지부(2019)는 2019 개정 누리과정에서 교수 · 학습방법을 제시하였다. 교사는 유아의 흥미와 관심에 따라 놀이에 자유롭게 참여하고 즐기도록 하며, 놀이를 통해 배우도록 한다. 유아가 다양한 놀이와 활동을 경험할 수 있도록 하며, 능동적인 상호작용이 이루어지도록 한다. 5개 영역의 내용은 통합적으로 구성하고 유아의 경험과 연계되도록 한다.

이경혜(2019)는 유아예술통합교육 프로그램을 개발하고 5단계로 교수 · 학습방법을 제시하였다. 이야기 나누기 단계에서는 예술작품 등과 관련한 유아의 이야기를 나눈다. 감상하기와 소개하기 단계에서는 미적 요소와 지식을 탐색한다. 창작하기와 표현하기 단계에서는 다양한 방법으로 표현해 보고 통합 활동을 한다. 발표하기와 공유하기 단계에서는 창작품을 발표하는 경험을 하고, 소감 나누기 단계에서는 경험한 예술 활동과 통합 활동에 대한 소감을 나눈다.

카츠와 차드(Katz & Chard, 2000)는 대표적인 통합적 교수방법인 프로젝트 접근법을 설명하며, 3단계로 교수 · 학습방법을 제시하였다. 도입 단계에서는 다양한 경험을 나누며 미술활동을 통해 표현한다. 전개 단계에서는 의문에 대한 해결활동과 주제와 연결된 조사를 하며 경험을 표현한다. 마무리 단계에서는 활동의 결과를 전시하거나 발표하는 경험을 통해, 프로젝트 과정을 통해 얻은 정보를 내면화한다.

이러한 연구에서 제시하는 통합적 교수학습 방법을 종합하면, 통합적 교수학습 방법은 하나의 활동이나 놀이 안에 다양한 교육의 내용을 통합적으로 제시하고, 유기적으로 연계되도록 교수하는 것이다. 통합적 교수하습 방법은 다양한 영역에서 유의미한 긍정적 영향을 미치는 것으로 나타나고 있는데, 과학과 미술의 통합적 교수학습 방법은 미술 성향과 과학적 태도에 긍정적인 효과가 있었으며, 수학과 미술의 통합적 교수학습 방법은 표상능력과 공간능력에 긍정적인 효과를 나타내었다. 즉 미술활동과 다양한 영역의 통합적 교수학습 방법은 영유아의 발달에 긍정적 효과를 나타낸다.

3 교사의 역할

이 부분에서는 2019 개정 누리과정(교육부, 보건복지부, 2019)에서 제시하는 교사의 교수 · 학습 실천 내용을 탐색하고자 한다. 교수 · 학습의 실천은 유아의 배움을 지원하기 위해 교사가 구체적으로 어떻게 실제를 구현할지에 대한 것이다. 2019 개정 누리과정에서는 '활동'이라는 용어가 쓰이지 않는다. 활동이라는 용어는 놀이라는 용어로 변화되었는데, 유아 · 놀이 중심 교육을 수행하기 위한 교수 · 학습 실천 내용을 소개한다.

1) 공간

교사는 유아가 공간에 부여하는 의미를 이해하기 위해 놀이의 전개를 지켜보면서 유아의 놀이를 방해하는 요소가 무엇인지 관찰하고, 유아의 의견을 반영하여 놀이 공간을 구성하고 운영해 나가는 자율성을 가진다. 교사는 새로운 교실이나 보육실의 실내공간을 어떻게 구성할지, 실외 놀이 공간을 어떻게 활용할지에 대해 고민하고, 학급의 원아 수, 성별의 비율, 유아들의 전반적인 놀이 성향을 고려하여 적합성을 판단해보아야 한다. 한번 정한 영역을 한 학기 내내 고정하지 않고 놀이에 따라 즉각적으로 재배치해주려는 융통성을 발휘하고 실내외 전체공간을 다양하게 활용하려는 노력이 필요하다.

① 놀이 공간을 융통성 있게 배치해본다

놀이에 따라 넓은 공간이 필요하기도 하고 분리된 작은 공간이 필요하기도 하므로 영역의 크기는 무조건 넓게 하는 것이 아니라 유아의 흥미와 놀이 흐름에 따라 조정하도록 한다.

② 놀이하는 공간을 넓혀 본다

유아의 놀이를 관찰한 결과 좁은 공간이 놀이를 방해하는 요소라고 판단되었거나, 유아가 놀이 공간을 넓히고 싶다고 요구하였을 때, 교사는 놀이를 방해하는 가구와 설비를 치움으로써 놀이할 수 있는 충분한 공간을 만들어 줄 수 있다.

③ 유아에게 공간 배치의 주도권을 주어 본다

놀이 공간은 모든 구성원의 삶이 반영되는 곳이다. 자연스럽게 유아 스스로 놀이 공간을 배치하거나 변경하도록 지원하다 보면, 다수와 개인의 놀이가 고루 존중되는 교실의 문화를 만드는 것이 좋다.

④ 다른 놀이 공간을 찾아본다

교사는 다양한 놀이 공간을 허용할 수 있다. 단, 각 공간의 위험요소를 사전에 점검하고, 위험요소를 치우거나 안전하게 처리한 후 유아와 함께 안전에 유의할 수 있는 방법 및 공간을 활용할 수 있는 방법에 대해 함께 의논한다.

2) 자료

유아에게 자료는 세상을 만나고 자신의 감정과 생각을 표상하는 매개이다. 유아는 다양한 자료를 풍부하게 사용하고 자신만의 방식으로 재창조하는 과정을 통해서 사물에 대한 탐색, 심미적인 경험, 또래와의 상호작용, 성취감 등을 얻을 수 있다. 유아의 배움은 이미 만들어진 자료를 통해서만 일어나는 것이 아니다. 유아에게 위험하거나 유해하지 않는 한 모든 자료가 놀이자료가 될 수 있다는 생각으로 유아의 주도성을 인정해주는 태도를 가지는 것이 필요하다.

① 유아가 결정한 자료 활용 방법을 격려한다

어떤 자료는 단순한 탐색의 대상이 되기도 하고, 어떤 자료는 다양한 방법으로 오랫동안 활용되기도 한다. 유아가 스스로 선택한 방법 속에서 배움이 일어나도록 지원한다.

② 자연물이나 자연현상도 자료가 될 수 있다

유아는 자연물로 놀이하는 과정에서 색, 모양, 선, 질감과 같은 속성과 아름다움에 대한 감성, 생명의 존귀함 등을 스스로 배운다. 빛과 그림자, 눈, 비, 구름 등과 같은 자연현상도 좋은 주제가 될 수 있다.

③ 다양한 일상의 사물을 활용한다

유아는 일상의 물건을 자료로 사용하면서 물질의 고유한 특성과 형태, 색, 질감 등 감각적 요소를 발견하게 된다. 다양한 열린 자료를 지원하도록 한다.

④ 자료가 없어도 놀이할 수 있다

유아는 몸으로 주변 세계를 알아가고, 자신의 감정과 생각을 표출한다. 실외나 실내 어디에서도 신체 움직임을 통해 놀이할 수 있기에 이를 지원한다.

3) 상호작용

유아는 놀이를 하면서 자연스럽게 또래 유아, 교사, 환경과 능동적으로 상호작용하고 이 과정에서 사물과 현상, 관계에 대해 배운다. 유아와 유아와의 상호작용은 서로 제안하거나 협력하며 문제를 해결하고 갈등을 통해서 관계를 형성하는 방법을 배우기도 한다. 교사는 유아 간 상호작용이 활발히 일어나도록 자유로운 환경을 충분히 제공해 준다. 주의 깊은 관찰을 통해 필요한 자료를 제공하거나 공간을 조정하는 등의 지원을 제공한다. 유아와 교사 간의 상호작용은 전체의 흐름을 관찰하고 유아의 흥미와 의도를 이해하는 과정에 기반해야 한다. 교사는 관찰하기, 질문하기, 제안하기, 함께 참여하기, 정서 지원하기와 같은 방법으로 유아를 직·간접적으로 지원한다. 유아와 환경과의 상호작용은 유아의 안전이 보장되는 한 유아들이 선택한 모든 놀이 공간과 놀이환경에 대해 개방적으로 수용하려는 태도를 가지도록 한다.

① 유아와 유아의 상호작용을 지원한다

빈번한 갈등을 경험하는 유아는 좀 더 적극적으로 지원해 줄 수 있다. 혼자 놀이하는 유아는 그 자체로 의미가 있고 배움의 요소가 풍부할 수 있으므로 신중한 관찰을 통해 개입의 여부를 결정한다. 놀이에 참여하고 싶지만 배회하는 유아가 있다면 유아와 유아 간의 관계를 지원한다.

② 유아와 환경의 상호작용을 지원한다

동일한 자료라 하더라도 이를 이용한 놀이 내용과 몰입은 유아의 개별성과 고유성에 의해 다양하게 나타난다. 교사의 의도대로 놀이자료를 사용하도록 강요하지 않아야 한다.

③ 관찰한다

즉각적인 개입보다는 유아의 감정 상태, 궁금해하는 것, 흥미를 보이고 탐색하는 것 등을 관찰한다. 교사는 진행의 과정에서 배움이 일어나도록 적절한 순간과 방법을 잘 결정하여야 한다.

④ 지원한다

교사는 제안하며 지원할 수 있다. 교사의 제안은 신중해야 하는데, 유아의 흥미와 관심에 기반하고 공간, 자료, 시간 등의 측면에서 무엇을 어떻게 지원하는 것이 좋을지 고민하고 제안한다. 교사는 참여하며 지원할 수 있다. 교사는 유아와 함께 놀이하는 즐거움을 느낄 수 있어야 한다. 교사는 유아의 주도적인 놀이를 일과의 가장 중요한 부분으로 인식하고 필요한 경우 공동 놀이자로 참여한다. 교사는 질문하며 지원할 수 있다. 교사는 유아의 생각이 유연하게 흐르도록 돕기 위해서 질문하는 것이 좋다. "선생님은 이런 생각이 드는데, 너는 어떻게 생각해?"와 같이 유아와 능동적으로 생각을 나눌 수 있는 질문이 바람직하다. 이러한 질문은 문제를 발견하고 해결해가는 선순환의 구조를 만드는 원동력이 된다. 교사는 동시에 긍정적인 정서 지원을 해준다. 미소, 끄덕거림, 공감과 같은 비언어적 상호작용이 이에 해당한다.

4) 안전

유아는 위험 상황을 예측하는 능력이 부족하므로 안전사고의 여지가 생길 수 있다. 교사는 안전한 환경을 보장하기 위하여 환경의 안전성을 점검하고 위해를 가할 수 있는 사물이나 물질을 사전에 차단하여야 한다. 유아 스스로 자신의 몸을 조절하고 통제할 수 있는 방법을 학습하도록 하고 규칙을 정해 볼 수 있다.

① 안전이라는 이유로 불필요한 제한이 있었는지 검토한다.
② 위험한 요소가 있는지 유아 스스로 살펴볼 시간과 기회를 준다.
③ 안전에 대해 유아와 함께 점검하고 전체 구성원이 소통한다.

활동해 봅시다

1. 탐색활동 중심의 유아미술교육 프로그램을 관찰하고 교사의 역할을 제시해 봅시다.

2. 표현활동 중심의 유아미술교육 프로그램의 현장 사례를 관찰하고 교수학습 방법을 분석하고 토론해 봅시다.

3. 통합적 교수방법을 적용한 유아미술교육 프로그램의 현장 사례를 제시하고, 교사의 역할을 분석해 봅시다.

Chapter

07 유아미술교육을 위한 환경구성

학습목표

1. 유아미술에서의 환경의 의미를 탐구하고 미술영역의 공간을 적절하게 배치할 수 있다.
2. 유아미술교육을 원활하게 수행하기 위한 기본 설비를 탐구한다.
3. 발달적으로 적합한 그리기, 만들고 꾸미기, 감상활동을 위한 다양한 재료를 제시할 수 있다.

본 장에서는 유아미술교육을 수행하기에 적절한 환경구성을 목적으로 미술영역에서의 공간 배치 원리를 탐색하고 기본적인 설비는 무엇인지 조사한다. 또한 유아가 미술활동과 놀이를 수행하는 데 도움을 주는 자료와 재료를 살펴보고자 한다.

1 유아미술활동 영역 구성

1) 유아미술에서의 환경의 의미

환경은 인간의 삶에 중요한 영향을 미친다. 특히 유아기의 교육환경은 상호작용의 대상이 되는데, 상호작용의 과정에서 다양한 영역의 발달이 이루어진다. 교육환경은 실제적인 교육의 목적과 목표를 달성하기 위해 필수적으로 제공되어야 하며 교육의 목표에 따라 유아의 발달에 적합하게 조성되어야 한다. 유아의 특성을 고려한 환경의 구성은 유아가 더 높은 수준의 활동을 수행하도록 안내한다. 환경은 인적 환경과 물리적 환경으로 구분할 수 있다. 유아를 위한 미술활동이 효과적으로 이루어지기 위해서는 인적 환경뿐만 아니라 물리적 환경인 배움의 공간을 적절하게 구비하여야 한다.

팔머(Palmer)는 교육환경에는 세 가지의 본질적인 차원이 있다고 제시하였는데, 이는 개방성(openness), 경계성(boundarles), 환대성(hospitality)이다. 개방성은 학습자가 무지하게 보일 수 있다는 것에 대한 두려움을 해소하는 것이다. 경계성은 공간의 개방성을 지켜주기도 하며, 학습자의 도피를 막아준다. 환대성은 타인과의 관계를 개방적이고 주의 있게 받아들이는 것이다(서윤, 현은령, 2020). 이를 토대로 유수영(2008)은 유아미술교육을 위한 환경에 대하여 다음의 세 가지로 시사점을 제시하였다.

① 유아미술교육 환경은 개방적이어야 한다

교육 공간의 개방성이란 학습이 발생하는 공간은 경계의 벽이 없어 스스로 학습이 일어날 수 있도록 열어두는 공간을 의미한다. 그러므로 유아미술교육 환경은 유아가 미술활동을 하는 데 있어 개방적이어야 한다. 유아의 자유로운 사고는 자유로운 표현으로 연결되기 때문에 유아가 주제를 정하고 소재를 정하는 것이 개방적이어야 한다. 재료 선택의 개방성도 중요하다. 미술활동 중 언제든지 필요한 재료를 고민하여 선택할 수 있도록 다양한 재료가 구비된 공간이 필요하다.

② 유아미술교육 환경은 경계성을 두어야 한다

교육 공간의 경계성이란 교육 공간을 무한하게 개방하는 것이 아니다. 학습의 특성을 염두에 두고 공간의 안전, 재료의 위험, 주위의 방해 등을 고려한 한계를 지어 그 안에서 지식을 탐구하고 지식을 더욱 견고하게 구성해 나감을 의미한다. 그러므로 유아미술교육 환경에서도 경계성을 가져야 한다. 유아가 미술활동을 하는 데 위험하거나 방해가 되는 요소들은 제거하고, 자유롭고 다양한 자신만의 표현을 권장하는 교육환경을 조성한다.

③ 유아미술교육 환경은 소통하는 환경이다

학습을 위한 공간은 서로 간의 갈등과 사고의 차이가 있을 수 있기에 이러한 차이를 직면하여 환대하고 받아들여야 한다. 유아미술교육에서 환대란 유아와 유아, 교사와 유아, 자신의 표현과 타인의 표현 간의 소통을 의미한다. 유아가 미술활동을 하는 동안 자기 생각과 타인의 생각을 받아들이고, 자신과 타인의 다름을 인지하며 소통한다. 이러한 과정에서 유아는 자기 생각을 정리하고 새로운 것을 받아들여 더 나은 발전을 도모할 수 있도록 하여야 한다.

그림 7-1 환경과 소통하는 유아

그림 7-2 개방적 환경에서의 미술활동

물리적 환경은 유아교육기관의 분위기를 조성하고 유아의 동기 수준을 촉진하며 교육적 능률을 증대시키는 중요한 영향력을 행사한다. 따라서 유아미술교육에서의 환경은 유아의 성장과 발달의 수준을 고려하고 교육의 목적과 목표를 효율적으로 달성하도록 조성하며, 자율적인 선택과 안전을 고려한 교육 공간을 확보하여야 할 것이다.

2) 미술영역 공간배치

전통적으로 유아교육기관 교실의 공간배치는 프로스트와 키신저(Frost & Kissinger, 1979)에 의한 흥미영역 구분을 기초로 하고 있다. 그들은 교실의 흥미영역을 활동의 수준과 물 사용의 수준을 기준으로 4개 영역으로 구분하여 제시하였다. 이는 조용하고 건조한 곳, 활동적이고 건조한 곳, 조용하고 물이 있는 곳, 활동적이고 물이 있는 곳이다.

조용하고 건조한 곳	조용하고 물이 있는 곳
활동적이고 건조한 곳	활동적이고 물이 있는 곳

| 그림 7-3 | 흥미영역 구분
출처: Frost & Kissinger(1976).

일반적으로 미술 영역은 물을 자유롭게 사용할 수 있고, 채광과 통풍이 좋으며, 조용한 위치에 배치하는 것이 바람직하다. 미술 영역의 바닥이나 책상은 물이나 물감을 흘리기 쉬워 청소가 용이하도록 비닐을 깔거나 쉽게 닦을 수 있는 재질을 사용하는 것이 용이하다.

최근에는 미래의 학습 공간 및 학습 공간 개선에 관한 연구들이 진행되고 있다. 유수영(2008)은 우리나라 미술교육환경을 진단하고 이상적인 유아미술교육 환경조성 방향을 제시하였다. 이상적인 미술교육환경은 공간의 자유로움이 존재하여 자신을 표현하는 데 자유롭고, 다양한 표현을 할 수 있도록 뒷받침되어야 한다. 이상적인 미술교육환경은 다양하고 풍부한 재료와 선택의 자유가 존재해야 한다. 이상적인 미술교육환경에는 전시 공간, 소통이 가능한 공간, 오감을 자극할 수 있는 공간, 미술의 특성에 맞는 교육 공간 등이 있어야 함을 제시하였다.

유구종(2016)은 미래사회 유아교육 환경과 매체의 변화를 제시하며 디지털 시대를 반영한 변화된 사회의 요구를 수용할 필요성을 언급하였다.

이동국(2019)은 미래학교의 공간 설계 방향을 탐색하고 네 가지 공간을 제시하였다. 이는 설계 공간, 제작 공간, 공유 공간, 지원 공간이다. 설계 공간의 주요 활동 내용은 조사, 회의, 토의 및 토론, 정보 수집, 분석 및 해석 등이다. 제작 공간의 주요 활동 내용은 제작, 표현, 체험, 글쓰기, 테크놀로지 활동 등을 수행한다. 공유 공간의 주요 활동 내용은 발표, 전시, 공유, 평가, 대화, 관찰 등을 수행한다. 지원 공간은 재료 · 도구 · 장비 보관, 시설 관리, 도움 제공, 테크놀로지 관리 등의 활동을 수행한다.

서윤, 현은령(2020)은 어린이집 미술활동 공간의 사례를 분석하고 유아를 대상으로 한 미술교육 공간으로 공동체 활동 중심형 공간과 디지털 미디어 활동 중심형 공간을 제안하였다. 공동체 활동 중심형 공간은 개별화 활동 공간과 공동체 활동 공간으로 구분하는데, 개별화 활동 공간에서는 개인적 활동을 통하여 기초 표현능력 신장하고, 공동체 활동 공간에서는 도출된 다양한 아이디어를 서로 공유하고 미술표현에서의 관계 맺기와 같은 협동능력을 발달시킬 수 있다. 작품 전시 공간을 따로 둘 수 있다고 제시하였다. 디지털 미디어 활동 중심형 공간은 다양한 멀티미디어를 활용할 수 있는 공간임을 제안하였다.

이러한 연구들을 종합하면, 유아교육기관의 미술영역의 공간 배치는 흥미영역으로써 미술영역, 작품 전시 공간, 멀티미디어 활용 공간, 재료 보관 및 정리 공간, 독립적 활동 공간, 소통 가능한 공유 공간 등으로 구분하여 배치할 수 있다.

흥미영역 (미술영역)	작품 전시 공간	멀티미디어 활용 공간	재료 보관 및 정리 공간	독립적 활동 공간	공유 공간
• 물 사용이 자유로운 공간 • 채광과 통풍이 좋은 공간 • 조용한 위치	• 벽면을 활용할 수 있는 공간 • 구조물을 활용할 수 있는 공간	• 다양한 멀티미디어 사용 가능한 공간	• 넉넉한 수납공간 • 재료의 보관 및 정리가 용이한 공간	• 혼자 놀이가 가능하고 다른 유아의 방해를 받지 않고 활동할 수 있는 공간	• 토론, 공동작업이 가능한 공간

재료 보관 공간

독립적 공간

공유 공간

[그림 7-4] 미술영역 공간 배치 예시

3) 미술영역 기본 설비

유아교육기관의 미술영역에는 영유아들이 편리하게 활동을 수행하고 놀이할 수 있는 시설을 설치한다. 가장 기본적으로 설치하는 것은 책상, 의자, 교구장, 게시판, 컴퓨터, 프린터, 청소도구 및 보관함 등이다.

책상은 연령에 맞추어 높이에 차이를 두는데, 일반적으로 키가 작은 영아는 낮은 책상을 사용하고, 키가 큰 유아들은 높은 책상을 사용한다. 그러나 미술활동과 미술놀이는 영유아의 발달 정도, 집단의 특성, 활동의 수준, 놀이의 특성에 따라 다양한 크기와 형태의 책상을 사용할 수 있다.

그림 7-5 유아의 작업용 책상

교사는 미술활동과 놀이를 위하여 다양한 재료를 제공하여야 하며, 다양한 미술재료를 찾기 쉽고 보관하기 편리하도록 배치하여야 한다.

그림 7-6 미술재료의 보관

환경판 활용

벽면 활용

그림 7-7 환경판과 벽면 활용 예시

2 유아미술교육 자료 및 재료

1) 그리기를 위한 도구

그리기는 유아 자신이 본 것, 느낀 것, 생각한 것 등의 경험을 채색도구를 이용하여 종이에 표현하는 활동이다. 유아들이 유아교육기관에서 가장 많은 시간 동안 참여하는 활동 중 하나이며 자기표현의 가장 확실한 방법이기도 하다. 언어나 다른 전달수단에 의한 소통이 비교적 자유롭지 못한 유아들은 그리기를 통하여 그들의 내면세계 안에서 일어나는 문제나 갈등, 느낌 등의 마음 상태를 표현하기도 한다(김지영, 2011).

유아가 원활하게 그리기를 수행하기 위해서 종이를 비롯한 그리기 도구를 구비해야 한다. 종이의 종류는 도화지, 색종이, 시험지, 화방지, 흑지, 벽지, 모조지, 포장지, 골판지, 신문지, 잡지, 셀로판지, 한지 등이 있다. 채색을 위한 도구류는 크레파스 색연필, 파스텔, 연필, 물감, 붓, 사인펜, 먹물, 색소 등이 있다. 그리기와 채색을 위한 도구 이외에 그리기를 원활하게 하기 위한 도구로 이젤, 건조대, 작업복 등이 있다.

그림 7-8 채색을 위한 도구

그림 7-9 종이 재료

혼자 그리기

함께 그리기

자연물을 이용하여 그리기

크레파스와 사인펜을 사용하여 그리기

색연필과 연필을 사용하여 그리기

비닐 필름 위에 그리기

| 그림 7-10 | 그리기 활동

2) 만들고 꾸미기 위한 재료

유아는 만들고 꾸미는 활동을 수행하면서 그리기나 색칠하기 활동에서 경험한 것보다 훨씬 더 도전적인 3차원의 공간을 표현해야 한다. 유아는 평면의 한계에서 벗어나 양감(roundness), 깊이감(death), 공간관계(spatial relation)를 생각하고 표현해야 한다. 이러한 3차원적 세계에 대한 개념적 기초는 유아가 만들기 활동을 접할 때 발달하게 된다. 다양한 재료들을 활용하고 연결하면서 그 안에 생기는 공간을 경험하게 되고, 공간 안을 꾸미고 구성하면서 공간의 높이, 길이, 방향, 형태, 크기 등의 특징을 파악하게 된다. 이러한 경험을 토대로 공간을 인식하고 공간에 대한 이해를 확대하게 되는 것이다. 따라서 현실 세계와 가장 가까운 3차원의 입체 작품을 만들면서 2차원적인 활동에서 보다 발전된 3차원적 형체감을 발견할 수 있다. 뿐만 아니라 공간지각 능력과 표상적 능력의 발달도 이루어지게 된다(김지현, 2019).

만들기를 위한 재료는 점토놀이 재료, 폐품류, 자연물 등 다양하다. 만들기를 도와주는 꾸미기 도구류는 가위, 접착제, 테이프류, 스테이플러, 펀치 등이 있다. 만들기와 꾸미기를 위한 재료는 규정된 것이 아니기에 유아가 사용하길 원하는 모든 재료들을 활용할 수 있다. 교사는 유아에게 친근한 재료를 먼저 제시하고, 유아가 경험해 보지 못한 재료는 점진적으로 제시하는 것이 바람직하다.

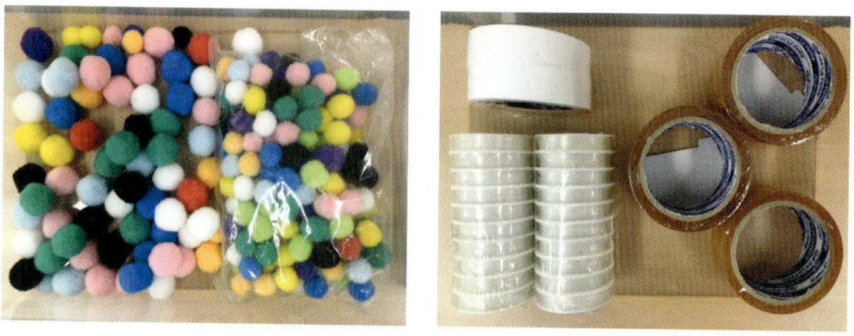

그림 7-11 만들기를 위한 재료

ㅣ그림 7-12ㅣ 도구류

ㅣ그림 7-13ㅣ 폐품을 이용하여 만들기

3) 감상을 위한 재료

미술에서의 감상은 주로 감상의 대상이 미술작품이 된다. 미술작품을 감상한다는 것은 미적 대상에서 미적 요소를 발견하고, 관찰하고 분석하는 것이다. 미술 감상을 위한 재료는 다양하다. 우리나라를 비롯한 세계 여러 나라의 미술품, 조각품이 우선 대상이 된다. 그러나 더욱 폭넓게 다른 유아의 작품, 자연환경, 생활환경까지도 감상을 위한 재료로 활용할 수 있다. 일반적으로 선, 색, 모양, 질감, 공간 등을 감상하고 미적 요소를 발견할 수 있으며, 균형, 강조, 움직임, 패턴, 변화 등을 탐구할 수 있다. 생활환경이나 특징을 분석하여 그리기나 만들기와 연결하는 통합 활동으로 확장할 수 있다.

그림 7-14 세계 여러 나라의 생활환경 감상하고 그리기

활동해 봅시다

1. 유아교육기관을 방문하고 미술활동을 위한 환경이 어떻게 구성되었는지 사례를 발표해 봅시다.

2. 그리기 활동을 창의적으로 하기 위한 재료들을 제시해 보고 활동해 봅시다.

3. 만들고 꾸미는 활동을 실행해 보고 사용한 재료의 발달적 적합성에 관해 토의해 봅시다.

4. 매스미디어, 전자기기 등 더 발전된 미술 재료들을 탐색해 보고 관련된 활동을 실행해 봅시다.

Chapter

08 유아미술 감상 및 평가

학습목표

1. 유아미술 감상과 지도에서는 개념, 방법, 태도 등에 대해서 살펴볼 수 있다.
2. 유아미술 평가에서는 평가의 의의, 목적, 평가 대상과 방법에 대해서 살펴볼 수 있다.

본 장에서는 유아미술의 감상과 평가에 대해서 살펴보고자 한다. 유아미술 감상의 목적과 필요성에서는 개념, 필요성, 의미, 방법, 태도 등에 대해서 살펴보고, 유아 미술 감상의 목표와 지도에서 미술 감상 지도의 과정, 방법 등을 살펴본다. 유아미술 평가의 목적과 필요성에서는 평가의 의의, 목적, 필요성에 대해서 살펴보고, 유아미술 평가 방법에서는 평가 대상, 내용, 유형, 영역, 방법 등에 대해서 살펴본다.

1 유아미술 감상

1) 유아미술 감상의 목적 및 필요성

(1) 감상의 개념

감상은 작품과 미적인 대상이 가진 질적 가치를 발견하고, 느끼는 것을 말한다. 미술 감상활동은 감상하는 사람과 미술작품의 상호작용을 통하여 작품이 가지고 있는 아름다움을 오감을 통하여 느끼고, 공유하는 것을 말한다.

미술 감상의 유형

첫째, 작품을 감상할 때 아름다움을 느끼고 정성적인 반응을 통해 미를 기억하는 것을 말한다.
둘째, 작품을 감상할 때 아름다움의 가치를 느끼고 이해하는 반응으로 이해와 인식에 의해 미적 가치를 얻는 것을 말한다.
셋째, 작품을 대상으로 정서적 반응과 지적 반응 간의 상호작용으로 이루어지는 종합적인 활동을 말한다.

유아들은 미술 감상 활동을 통해서 심미감을 발달시킬 수 있다. 미적인 대상인 작품을 통하여 정서적 측면과 지적인 측면들이 유아들의 인격 형성에 도움이 될 수 있다.

| 그림 8-1 | 유아 미술 감상
(전시장 관람 모습)

(2) 유아 감상교육의 필요성

감상교육은 유아들에게 미적인 경험을 통해 심미감과 미적 안목을 가질 수 있도록 도움을 주게 된다. 더 나아가 전인적 인격 형성, 미술적 표현과 창의성에 도움을 줄 수 있다. 유아에게 감상교육이 필요한 이유는 다음과 같이 살펴볼 수 있다.

구분	내용
시 · 지각능력 표현능력	• 감상교육을 통해 유아에게 작품을 보는 감각을 길러주고, 시 · 지각능력을 향상시킬 수 있다.
전인적 인격 형성	• 유아에게 지적 측면과 정서적 측면을 통합한 전인적 성장에 도움을 줄 수 있다.
심미감 형성 미적 안목 육성	• 미적 안목을 제공함으로써 다양한 환경에서 미적 가치를 선별할 수 있도록 도움을 줄 수 있다.
조형능력	• 다양한 도구와 재료를 활용하여 미술 표현능력을 향상시키는 데 도움을 줄 수 있다.
기초적인 문화인 육성 다양한 나라의 문화 인식과 선별 능력	• 다양한 관점에서 미술문화를 선택하는 능력을 갖도록 도움을 주며, 다양한 문화를 이해하는 도움을 줄 수 있다.

(3) 감상의 의미

창작품은 인간의 사상, 감정, 정신 등의 표현이라고 말할 수 있다. 창작품은 작품을 만드는 작가와 제작하는 환경의 관계를 표현한 것이라고 말할 수 있다. 창작을 기반으로 한 작품은 작가와 사물 간의 관계를 표현했다고 하지만, 그 결과물이 갖는 의미는 다양하게 해석될 수 있다.

감상 활동은 미적 대상인 작품을 단순하게 접할 수도 있고, 다양한 관점에서 접할 수도 있다. 감상하는 사람의 관점에서 다양하게 해석할 경우, 감상자에게는 다양한 경험이 될 수 있지만, 작가가 전하려는 의도는 정확히 전달될 수 없다. 작품은 작가의 경험과 사상을 표현한 것이기 때문에 감상자는 작가가 전달하고자 하는 사상과 가치를 알기 위해 노력해야 한다.

미적인 것은 주어진 대상의 객관적인 속성이 아니다. 대상을 보며 느끼게 되는 미적인 감정은 작가만의 특유의 것이라고 말할 수 있다. 작가마다 가지고 있는 특유의 사상과 다양한 감정들을 작품 속에서 느낄 수 있는 감상법이 좋은 감상의 기준이라고 할 수 있다.

(4) 감상의 방법

감상방법 지도는 표현하는 활동과 함께 이루어지는 것이라고 할 수 있다. 평가와도 직결되는 문제이기도 하다. 감상의 목적은 유아들이 작품에 깊은 관심을 가질 수 있도록 하는 것이다. 또한, 작품의 가치를 느낄 수 있게 하는 것이다. 유아들이 작품을 접할 때에는 유아들의 창조성과 심리적 상태를 고려해야 한다.

작품을 감상하는 방법은 첫째, 감상하고자 하는 작품의 흥미에서 시작하는 경우가 많다. 시각적인 부분에서 흥미를 느껴 작품 감상으로 연결되기 때문이다. 둘째, 문헌적 배경에 의해 작품의 다양한 정보를 감상하는 경우가 많다. 인문학적인 접근과 작가가 작품을 제작하게 된 이유, 작품을 제작한 환경, 작가의 배경 등을 감상하는 경우가 있다.

(5) 감상의 태도

감상자가 작품을 감상하는 것들은 작가가 사물 자체의 직접적인 표현이 아니라 작가의 다양한 경험과 감정, 사상과 사물 간의 관계, 시대적 트렌드에 따라 표현한 것이라고 할 수 있다. 감상자인 유아의 관점에서 발달 수준이 다르면, 작품에 대한 이해도가 다를 수 있다.

작품을 감상할 때에는 연령에 상관없이, 작품을 제작한 작가와 작품에 대해 정중해야 하며, 같이 작품을 감상하는 사람들에게도 피해를 끼치지 않도록 해야 깊게 감상할 수 있다.

2 유아미술 감상의 목표와 지도

유아미술에 적용하고 있는 미술 감상지도 단계는 4단계로 이루어진다.

단계	특징
직관	• 예술작품의 시각적 이미지를 그대로 받아들이는 과정을 말한다. • 작품의 형태, 컬러, 재료 등의 관계에서 시작된다. • 선입견이 없는 상태에서 작품을 본다.
분석	• 작품이 내포하고 있는 특성을 발견하고, 분석한다. • 작품 형태에 대한 특징을 발견하고, 분석한다. • 사물이 표현하는 조형적인 요소 간의 관계를 살펴보고, 분석한다.
해석	• 작품이 전하려는 의미를 발견하고, 이해하도록 하는 과정을 말한다. • 유아들이 분석한 내용을 요소별로 파악하는 것을 말한다(기법, 재료, 주제, 환경 등)
판단	• 작품의 장점을 파악하는 단계를 말한다. • 작품의 선호도에 따라 선택 또는 종합적인 이해가 이루어진다. • 작품을 상징적 가치로 인식하며, 작품에 대한 가치를 내면화하는 것을 말한다.

1) 미술 감상지도의 과정

미술 감상지도는 작품의 미적인 특성과 의미를 유아들이 스스로 발견하고 파악하는 과정을 말한다. 감상을 효과적으로 하기 위해서는 교사가 유아에게 작품이 가지는 미적 구성 요소들을 이해시켜야 한다. 그리고, 그 가치를 알 수 있도록 미술 감상 방법을 제시해 주어야 한다.

감상 활동의 요소에는 작가(전달자), 작품(매개체), 유아(감상자)의 세 가지 요소로 구분된다.

아이스너	• 경험적 차원, 형식적 차원, 상징적 차원, 주제적 차원, 재료 차원, 맥락적 차원으로 나누어 감상의 순서를 제시
매디저	• 시·지각 이론을 바탕으로 감상 지도 과정을 관찰, 진술, 선택, 일반화의 4단계로 제시
펠드만	• 미술 감상 지도과정을 서술, 형식적 분석, 해석, 판단의 3단계로 구분 • '미술이라는 시각형태에 어떻게 반응할 것인가?'에 대한 비평 활동을 강조

2) 감상지도의 방법

유아미술 감상지도의 방법은 교사가 유아의 발달단계, 발달 특성, 학습 목표, 학습 내용을 고려하여 제시할 수 있다. 유아 미술 감상 수업에 적용 방법으로는 토론법, 관찰법, 모의 미술관법, 제작법, 작문법 등으로 나눌 수 있다.

(1) 관찰법

관찰법은 유아들에게 미술작품의 조형요소와 조형원리를 가르치고, 미적 요소에 관하여 알 수 있도록 하는 방법을 말한다. 구체적인 관찰을 위해 분석법, 비교법, 분류법으로 구분할 수 있다.

분석법	• 평면이나 입체 작품을 보고 작품에 담긴 조형요소와 원리를 찾아 분석하는 감상방법을 말한다.
비교법	• 작품에서 표현된 주제나 방법들을 비교하여 감상하는 방법을 말한다.
분류법	• 장르가 다른 작품들을 보고 유사한 작품끼리 묶어보며, 감상하는 방법을 말한다. • 예를 들어, 동양화와 서양화, 판화와 디자인, 디자인과 동양화 등

(2) 토론법

토론법은 미술작품의 조형요소, 조형원리, 미적 가치를 살피며 토론하는 감상방법을 말한다. 감상 주제에 따라 일제 감상법, 그룹 감상법, 대담법 등 세 가지로 나눌 수 있다.

일제 감상법	• 교사가 사회를 보면 유아들이 함께 미술작품을 감상하고 토론하는 감상법을 말한다.
그룹 감상법	• 유아들을 그룹으로 나눈 뒤, 사회자를 선정 후 안내에 따라 작품을 감상하고 토의하는 감상법을 말한다.
대담법	• 유아들이 두 명씩 짝을 정한 후, 함께 미술작품을 감상하고 서로 이야기를 하는 감상법을 말한다.

(3) 모의 미술관법

모의 미술관법은 유아들과 교사들이 함께 실제 미술관처럼 꾸민 후, 작품을 감상하는 방법을 말한다. 실제로 미술관을 가보는 것은 아니지만, 미술관에서 실제로 어떻게 작품을 감상하고 어떻게 작품을 정리하며 설치하는지 경험해봄으로써 구체적인 행동으로 체험하는 감상방법을 말한다. 실제 미술관에서 일어나는 다양한 일들을 체험할 수 있도록 지도하는 것이 중요하다.

(4) 제작법

제작법은 실제 작품을 주제로 하여 다양한 재료, 표현 방법 등을 따라해 보는 감상방법을 말한다. 유아들이 자신이 유명 작가가 된 것처럼 작가들이 창작한 작품으로 따라해 보고, 다양한 재료를 활용해서 작품을 제작할 수 있다는 것도 알 수 있다. 그리고, 작품에 사용된 같은 재료를 활용해서 묘사하는 방법을 통해서 다양한 표현 방법을 익힐 수 있다.

(5) 작문법

작문법은 유아들이 작품을 보고, 감상문을 쓰는 방식을 말한다. 글쓰기가 서투른 유아들에게는 적용하기 힘들지만, 작품을 보고 느낀 점을 글이 아닌 그림으로 자신이 감상한 내용을 표현해보는 방법으로 적용해 볼 수 있다.

3) 감상지도의 유의점

유아 감상지도에 관한 유의점을 살펴보면 다음과 같다.

유아 감상지도의 유의점

유아가 작품을 잘 감상하려면,
첫째, 사전에 다양한 사물들을 관심 있게 볼 수 있도록 지도가 필요하다.
둘째, 작가가 만든 작품의 중요성을 전달한다.
셋째, 유아 스스로 작품을 감상할 수 있도록 지도해야 한다.
넷째, 교사는 유아의 발달단계에 맞는 작품 선정과 감상법을 제공해야 한다.
다섯째, 작품을 설명할 때, 유아 언어에 맞춰 전달하고, 유아가 표현할 수 있도록 지도가 필요하다.

3 유아미술 평가

1) 유아미술 평가의 목적 및 필요성

평가는 유아의 발달과 교육 프로그램의 개선을 위한 필수적인 과정이며, 주관성이 중심이 되는 유아의 개성, 독창성, 미적 감각 등과 같은 미술의 특성을 기반으로 평가하게 된다. 교사는 유아의 학급 과정을 파악하고, 이에 따라 프로그램을 개선 및 운영하여 유아가 다양한 미적 경험을 제공하기 위해서 평가에 대한 내용을 알고 있는 것이 중요하다. 또한, 미술교육의 극대화를 위해서 활동 전반에 대한 평가가 필요하다.

(1) 유아미술 평가의 의의

조형 활동과 미술 활동은 표현 중심으로 되어 있다고 할 수 있다. 조형 활동과 미술 활동은 표현, 감상, 평가가 잘 이루어져야만 학습활동의 목표에 도달했다고 말할 수 있다. 표현활동은 각자의 개성에 따라 사상 및 시각 언어를 표현하는 것이다. 감상 활동은 작품의 시각 언어를 읽고 이해하는 활동을 말한다고 할 수 있다.

평가란 학습활동 결과를 어느 정도 학습 목표에 도달했는가를 측정하는 것을 말한다. 학습활동이 끝나고, 학습 목표에 얼마나 도달했는가, 학습 성과를 올렸는지 등을 확인하고, 학습활동에 도움을 수 있도록 하는 것을 학습활동 평가라고 말한다.

(2) 유아미술 평가의 목적

평가의 목적은 매우 다양하다. 바람직한 미술교육을 위해서 필수 요소이며, 왜 평가를 진행해야 하는지 정확한 목적을 생각해야 한다. 유아 미술에서의 중요한 목적 중의 하나는 유아의 올바른 성장과 조형 활동에 도움을 얻기 위한 것이다.

바람직한 유아미술 평가의 방향은 다음과 같다.

① 무엇을 평가해야 하는 정확한 목표가 있어야 한다.

② 평가자의 미적 기준에 따라 평가 기준이 달라질 수 있으므로, 객관성을 지닌 평가가 될 수 있도록 해야 한다.

③ 객관적인 평가를 진행하여 신뢰성을 갖도록 해야 한다.

④ 학습자마다 개인차를 고려해서 평가를 진행해야 한다.

⑤ 평가는 결과물을 중심으로 평가하는 것보다, 과정까지 포함하여 평가하는 것이 중요하다.

(3) 유아미술 평가의 필요성

유아미술 평가의 유형은 두 가지로 나눌 수 있다.

첫째, 유아에 대한 평가이다. 유아에 대한 평가는 유아들이 미술교육을 받은 후, 미술능력, 아름다운 탐색 능력, 미적 표현능력, 미술 감상능력 등을 포함하여 유아미술과 연계된 다양한 능력들이 얼마나 향상되었는지 알아보는 것을 말한다.

둘째, 유아미술 프로그램 평가이다. 유아미술 프로그램에 대한 평가는 유아에게 제공한 미술활동의 내용과 교수학습방법 등이 얼마나 효과가 있었는지에 대한 평가이다. 효과가 없었을 경우, 어떤 점을 개선해야 할지를 알아보는 것을 말한다.

유아들은 자신의 미술 결과물을 가지고, 주변 사람들에게 평가받기를 원한다. 유아가 미술작품을 제작하는 과정을 관찰했던 교사와 부모들은 유아들에게 노력한 정도에 맞게 칭찬과 격려, 인정을 해주는 것이 유아들이 발전하는 데 도움을 줄 수 있다.

2) 유아미술 평가 방법

유아미술 평가 기준에는 다양한 학자들의 견해가 있다.

다음과 같은 평가 기준을 참고할 수 있으며, 평가 기준은 학자별로 다르고, 아래의 내용을 정리해보면, 조형성, 심미성, 창의성과 같은 감상 활동 태도 등을 말할 수 있다.

아이스너(Eisner)	• 재료를 활용하는 기법적인 방법 • 형태를 아름답게 구성하는 미적인 방법 • 새로운 아이디어를 도출하는 창의적인 방법
브라우디(Broudy)	• 유아가 제작한 작품에 담겨 있는 조형요소의 생동감과 구성 • 조형요소가 가지고 있는 의미(선, 색, 명암, 형태 등)
애커먼(Ackeman)	• 유아가 제작한 작품에 나타나는 감정 • 다양한 기법, 형태, 의미 등

(1) 평가 대상

유아미술 교육의 평가는 유아들의 미술 학습의 결과물인 작품을 대상으로 평가하는 것을 말한다. 또한, 작품을 완성시키는 학습 활동 과정을 평가하는 것을 말한다.

학습활동을 진행할 때, 정확한 목표와 활동이 이루어져야 하며, 작품 평가를 할 경우 학습 결과가 교육 목표에 얼마나 도달했는지 측정하는 것이다. 목표에 도달하지 못했을 때에는 적절한 평가가 이루어지기 어렵다.

지도 목표	• 목표 설정이 적절하였는가? (연령, 영역, 지도 내용, 발달단계 등)
지도 계획	• 지도 내용, 시간 배분, 시설 및 준비물은 잘 준비되었는가?
지도 방법	• 구체 항목을 정하여 평가해 보자. (지도안의 전개, 준비, 내용의 연구, 지도 과정, 지도 기술 등)
학습 성과	• 작품 평가에 있어서 어떠한 기준으로 할 것인가? (표현력 평가, 감상력 평가, 이해 평가, 기술 평가, 태도 평가, 습관 평가 등)
결과 처리	• 학습 결과, 작품이 남는 것이 중요하다. (다음 학습에 연계해서 사용할 수 있도록 하는 것이 중요하다.)

(2) 평가 내용

유아의 작품을 평가할 때에는 완성된 작품도 중요하지만, 작업 과정도 중요하다. 유아의 연령, 미적 재능, 환경, 지적 수준 등을 배려하여, 칭찬과 격려를 기반으로 평가를 진행해야 한다. 연령에 따라 제작 시간 내에 작품을 완성하는 것이 어렵기 때문에, 작품보다는 활동 속에서 유아들의 신체적인 활동과 심리적인 상태 표현을 중요하게 생각해야 한다.

제작 과정을 잘 관찰하여 다음과 같은 기준으로 평가를 진행해야 한다.

① 작품 제작 과정을 본다.
② 작품을 통해 유아의 개성과 창의력을 본다.
③ 작품을 통해 유아의 상상력을 본다.
④ 작품을 통해 유아의 발달 수준을 본다.
⑤ 작품을 통해 유아가 생각과 마음 상태를 본다.
⑥ 작품 제작 과정을 통하여 재료와 도구의 활용 방법을 본다.

(3) 평가 유형

유아에게 있어서 평가는 두 가지 방법으로 정리할 수 있다.

첫 번째 평가방법은 상대평가와 절대평가로 정리할 수 있다.

상대평가	• 유아가 속한 집단에서 더 잘 그리고, 잘 만든다는 의미에서 평가
절대평가	• 유아가 다른 유아와 비교되지 않고, 목표에 맞춰 성취하고자 하는 목표에 가깝게 접근했다는 것에 대한 평가

두 번째 평가방법은 포트폴리오 평가, 평가목록표에 의한 평가, 그룹 토의 활동으로 정리할 수 있다.

포트폴리오 평가	• 유아의 작품을 학기별, 연령별로 모아서 작품집을 만드는 것을 말함. • 유아미술 평가에서 가장 많이 활용됨
평가목록표에 의한 평가	• 유아의 미술작품, 미술활동과정에서 언어적 반응, 작품 제작 과정에서의 교사의 관찰, 교사와 부모와의 면담기록 등 유아의 미술발달에 관한 정보를 종합적으로 평가하기 위해서 평가목록표를 작성하는 것을 말함
그룹 토의 활동	• 유아들이 자신의 작품을 설명하고, 반응을 알아보는 방법이다. 자신의 활동과정과 결과에 대해 이야기하면서 미술과 관련된 용어와 개념을 활용하는 방법 • 유아들이 작업과정을 통해서 문제점을 인식하고 해결하는 방법에 대해 배우게 됨

(4) 평가 영역

평가의 영역은 인지적 영역, 심동적 영역, 정의적 영역 등으로 구분할 수 있으며, 내용은 다음과 같다.

인지적 영역	이해, 지식, 적용 등
심동적 영역	실용성, 심미성, 표현력, 창의성 등
정의적 영역	표현태도, 감상태도 등

(5) 평가 방법

학습 결과를 평가하는 구체적인 방법은 관찰 기록법, 1 : 1 비교법, 등거리차법, 순위 평가법, 평정 척도법, 병립 비교법, 유형 비교법, 작문법, 총 8가지로 정리할 수 있으며, 다음과 같다.

관찰 기록법 Method of Observation Check List	• 관찰 항목을 설정하여 표현과정에서 유아의 행동이나 특징을 관찰한 후, 기록하는 방법을 말함.
1:1 비교법 Method of Paired Comparison	• 작품을 1:1로 평가하여 더 잘한 것을 비교하여 구체적인 방법을 말함. • 많은 시간을 활용해서 작품 평가를 진행해야 함.
등거리차법 Method of Equal-Appearing Intervals	• 전체 작품 중 대표 작품을 고른 후, 비슷한 작품들과 놓는 방법을 말함.
순위 평가법 Method of Rank Valuation	• 다양한 작품들의 순위를 정하는 방법을 말함. • 선별법이라고 말함.
평정 척도법 Method of Rating Scales	• 자신의 작품을 다른 사람들에게 설명하는 방법. • 기술 척도법이라고 말함.
병립 비교법 Method of Stand Abreast Comparison	• 전체 작품 중 가치의 차이를 두어 대표 작품을 골라낸 후, 개별면접을 통한 우열을 정하고 비슷한 가지로 인정되는 부분에 작품을 배치하는 방법을 말함.
유형 비교법 Method of Type Comparison	• 많은 작품을 동질적인 것들을 기준으로 분류하는 방법을 말함. • 주제, 내용, 구도, 기법, 특징 등을 식별하는 능력을 평가할 수 있음.
작문법 Method of Writing	• 작품을 감상한 것을 글로 발표하는 방법을 말함. • 작품 의도 파악, 아이디어 발상 의도를 정확히 알 수 있음.

3) 교사에 대한 평가

교사의 자기평가는 교사 자신의 성장과 향상을 가져오고, 학습자인 유아에게 유익함을 주게 된다. 또한, 유아의 성장에 큰 영향을 미치게 된다. 교사는 끊임없이 노력하고, 교수 활동이 적절한지에 대한 끊임없는 고민을 해야 한다. 특히, 자신의 문제점을 발견하고, 개선하고자 하는 과정을 통하여 성장하고 성숙해져야 한다.

미술교육 분야는 교사의 평가에서 유아에게 제공하는 미술 환경과 미술

활동의 적절성에 대한 평가를 포함하게 된다. 교사가 평가를 할 때에는 유아의 반응이 중요하며, 평가 이후 미술 환경과 미술 활동에 적극 반영해야 한다.

(1) 미술 환경 평가

유아의 효과적인 미술 활동을 위하여 준비된 환경을 제공해야 한다. 특히, 미적 발달을 위한 좋은 환경인가를 평가하는 기준으로 다음과 같은 사항을 고려해야 한다.

미술 환경 평가의 기준

첫째, 유아 미술을 통한 유아발달에 도움을 주는 미술 재료와 도구가 준비되어 있는가?
둘째, 유아가 미술 활동을 하면서 위험한 요소가 있는가? 안전한 재료와 도구를 제공하는가?
셋째, 미술 활동 주제와 관련된 자료가 철저히 준비되고 있는가?
넷째, 유아들의 미적 발달을 위하여 좋은 작품을 감사할 수 있는 자료가 배치되어 있는가?
다섯째, 미술 활동 후, 재료들을 쉽게 사용하고 정리할 수 있도록 공간이 효율적으로 배치되어 있는가?
여섯째, 미술 활동 후, 유아들의 작품을 효과적으로 보관하고, 전시할 수 있는 환경이 준비되어 있는가?
일곱째, 미술 활동을 하면서 유아들이 활동하는데 적절한 공간을 가지고 있는가?

(2) 미술 활동 평가

미술 활동 평가를 위해서는 코스터(Koster, 2001)가 제안하는 평가 양식을 활용할 수 있다. 위의 평가 양식은 유아의 전인적인 학습 경험과 교사의 교수 학습 목표에 기초하여 평가 양식을 작성에 활용할 수 있다. 평가를 진행할 때에는 유아의 신체적, 사회적, 정서적, 인지적 발달과 창의성, 통합, 다른 사람의 작품, 반성 등을 기준으로 평가를 진행하게 된다.

미술 활동 평가 예시

첫째, 신체적 발달 - 한 가지 감각 이상을 사용하도록 요구하는가?
둘째, 사회적 발달 - 다른 유아들과 함께 작업할 수 있도록 허용하는가?
셋째, 정서적 발달 - 유아가 스스로 작업하도록 하는가?
넷째, 인지적 발달 - 변화를 관찰할 수 있도록 하는가?
다섯째, 창의성 - 유아에게 문제를 인식하고, 해결하도록 요구하는가?
여섯째, 통합 - 다른 교과 영역의 지식을 강화하는가?
일곱째, 다른 사람의 작품 - 다른 사람의 작품을 경험할 기회가 있는가?
여덟째, 반성 - 자신의 작품을 제시하도록 하는가?

활동해 봅시다

1. 감상교육이나 유아미술 평가가 실행되고 있는 현장 사례를 제시하고 교사의 역할을 분석해 봅시다.

2. 유아 감상교육의 필요점과 목표를 파악하고, 유아의 올바른 감상이 이루어질 수 있는 전시들을 선정해 발표해 봅시다.

3. 유아 미술의 평가와 교사의 자기평가에 필요한 평가지를 작성 후 토론해 봅시다.

Chapter

09 유아미술치료의 이해

학습목표

1. 미술치료의 개념을 설명할 수 있다.
2. 미술치료의 장점을 정리할 수 있다.
3. 유아미술치료의 필요성을 설명할 수 있다.
4. 미술교육과 미술치료의 공통점과 차이점을 제시할 수 있다.
5. 유아교사와 미술치료의 관계를 설명할 수 있다.
6. 유아미술치료를 적용할 수 있다.
7. 유아미술치료 기법을 설명할 수 있다.

1 미술치료의 개념

미술치료(art therapy)는 미술과 심리치료가 접목된 것으로, 미술활동을 통해 자신의 상태를 진단하고 평가하며 증상을 개선하는 것에 목적을 둔다. 루빈(Rubin)은 창조적인 미술활동 과정은 내면의 왜곡된 심리적 문제들을 발견하고 표출하며 수용하는 과정으로 보고 삶의 용기와 의지를 향상하는 역할이라고 보았다(Rubin, 1999).

나움버그는 그림을 이용한 미술심리치료가 예술치료로서 매우 효과적이라고 보았으며, 말키오디(Malchiodi)는 미술이 자기 이해와 개인 성장의 영역에서 중요한 영향력을 가지며 이를 통해 미술에 치유적인 힘이 있다고 여겼다. 이처럼 미술치료는 이미지를 표출하는 과정에서 비언어적인 커뮤니케이션 기법을 반복적으로 사용하면서 지금까지의 상실, 방어, 억제된 삶을 더욱 명확하게 하고 자기발전을 꾀하게 한다. 또한 미술치료는 자발적 조형 활동을 통해 내면과 외면의 조화를 돕는다. 즉, 미술치료는 자신의 심리적 자아를 통합하고, 심리적 문제를 바르게 인식하며 진단하고 치료하는 데 매우 유용한 분야라고 할 수 있다.

미술치료 이론은 나움버그의 치료에서의 미술(art in therapy), 크레머의 치료로서의 미술(art as therapy), 나움버그와 크레머를 통합하는 울만의 세 가지 견해를 들 수 있다.

1) 나움버그의 견해

나움버그(Naumberg)는 뉴욕에서 태어나고 성장하였다. 초기에는 교육자로 활동하였으며 후기에는 치료사로 활동하였다. 나움버그는 정신분석 미술치료에 근거하여 치료자와 내담자의 치료적인 관계를 형성하는 것을 중요하게 생각하고, 전이와 역전이, 자발적 그림 표현 및 해석, 상징성 등을 강조하는 미술치료를 하였다(Naumberg, 1966).

나움버그는 정신분석을 지향하는 미술치료로서 미술의 장점을 네 가지로 설명하였다. 첫째, 자신에게 일어나는 꿈과 환상이나 내적 욕망을 말보다 그림으로 표현하게 한다. 둘째, 그림으로 자신의 무의식을 투사하여 언어적인 표현보다 검열기능을 약화시키기 때문에 치료과정을 촉진한다. 셋째, 자신의 내면을 그림으로 표현한다는 것은 자료의 영속성을 높이는 것으로 내용이 지워지지 않기 때문에 내용을 부정하기 힘들다. 넷째, 치료과정에서 전이 문제가 쉽게 해결될 수 있다. 자신의 그림을 스스로 해석할 수 있는 능력을 통해 내담자의 자율성이 길러질 수 있다.

2) 크레머의 견해

크레머(Kramer)는 1915년에 태어났으며 빈(Vienna)에서 자랐다. 크레머는 아동 미술치료에 대한 많은 연구를 하였다. 그림에 대한 연상과 자기표현을 통한 승화는 자아를 성숙하게 하는데, 이것이 그림의 치료적 속성이라고 하였다. 또한 미술 작업을 통해 내담자 스스로가 자신의 파괴적이며 반사회적인 에너지를 분출하면 부정적인 감정을 감소시키므로 작품을 만드는 과정에서 치료가 이루어진다고 것을 주장하였다(Kramer, 1975).

위와 같이 크레머는 미술치료 과정을 강조하였는데, 갈등을 반복적으로 경험하고 인내를 배우는 과정에서 자아통합이 이루어진다고 보았다. 이때 치료사는 내담자가 만든 작품을 해석하지 않아야 하며, 단지 승화와 통합을 이루는 과정을 도와주는 역할이라는 점을 인식해야 한다. 이는 크레머는 미술작품을 만드는 그 자체를 치료 행위로 보았기 때문이다.

3) 울만의 견해

울만(Ulman)은 크레머와 비슷한 시대에서 활동하면서 미술치료 분야에 관심을 가졌고, 나움버그와 크레머의 두 가지 견해를 통합하기 위해 노력하였다. 미술 과정은 한가지 측면에서 정의 내릴 수 없는 광범위한 인간의 능력이 필요하기 때문에 충동과 통제, 무의식과 의식, 실제와 환상 등 필연적으로 발생하는 갈등의 요소를 통합하는 것이 필요하다고 하였다(Ulman, 1961). 즉, 미술치료에서 내담자의 작품은 치료와 창조 측면을 모두 내포하고 있음을 제시한다.

미술치료의 실행에 있어 울만은 치료와 창조 두 측면의 타당성을 인정한다. 이러한 관점에서 보면 미술치료의 과정과 작품은 모두 중요하게 인식된다. 이때 치료사는 내담자의 작품이 예술성이 있는지 없는지를 강조하기보다는 대상에 따라 성취감을 높이고 상동적이거나 강박적인 표현까지 허용한 미술 과정이 되도록 해야 한다.

2 미술치료의 장점

1) 미술의 심상 표현

심상은 의식에 떠오르는 상으로, 미술의 심상 표현은 심상으로 사고하는 것을 의미한다. 예를 들면 우리가 아버지라는 말을 하기 전에 '아버지'의 심상을 먼저 떠올리는 것을 말한다. 심상을 형성하는 것은 생애 초기의 경험이 매우 중요한 요소로, 이후 성격 형성에도 밀접한 영향을 미친다.

2) 내담자의 방어 감소

미술치료는 비언어적 의사소통을 통해 상담이 진행되기 때문에 일반적으로 진행하는 언어적 상담에 비해 통제를 적게 받는다. 이는 미술치료 과정에서 진행되는 그림 작업을 통해 치료사가 내담자의 생각과 느낌을 깊게 파악할 수 있고 여러 가지 감정을 함께 경험하면서 방어를 감소시킨다.

3) 구체적 유형의 자료

내담자는 미술치료 과정을 통해 구체적인 자료를 직접 만든다. 내담자가 만든 자료는 치료사와 내담자 사이의 다리 역할을 한다. 치료사는 내담자에게 작품에 대한 질문을 할 수 있고, 내담자는 자신의 감정과 사고를 작품과 연결해보고 통찰할 수 있다.

4) 자료의 영속성

미술활동을 통해 얻은 작품은 보관이 가능하기 때문에 언제든지 꺼내서 재검토할 수 있다. 또한 과거의 기억을 왜곡하는 것을 방지할 수 있고 치료가 종결된 후에 다시 회상할 수 있다.

5) 미술의 공간성

미술의 공간성은 경험에서부터 나온다. 예를 들어 가족을 언어적으로 표현할 때는 아버지, 어머니, 동생 등 자신을 기준으로 다른 가족들의 관계를 소개하지만 그림으로 가족을 표현할 때는 종이 한 장에 동시에 표현할 수 있다.

6) 창조성 및 에너지 유발

미술치료를 통해 만들고, 색칠하고, 자르고, 배열하는 과정은 내담자의 창조적 에너지를 발산할 수 있다. 또한 미술작품을 만들기 전에 신체적 에너지가 약간 떨어져 있는 내담자도 미술 작업을 진행하면서 점차 활기찬 모습으로 변화한다.

3 유아미술치료의 필요성

유아는 자신의 생각을 스스로 지각하기 쉽지 않을 뿐 아니라 언어라는 고차원의 도구를 사용해서 논리적 표현이나 설명을 어려워한다. 이러한 한계를 극복하기 위해 미술 매체의 활용이 필요하다. 미술 활동은 안전하고 효율적으로 유아의 심리적인 문제에 접근할 수 있게 하며 치료과정으로 이끌어 간다.

미술작품을 만들어가는 미술치료의 과정은 그 자체로 치유과정이 될 수 있다. 긴장을 풀고 재미있게 그리고 만드는 것과 같은 새로운 창작물을 만들어 내는 과정은 자신을 조절하고 심리적 문제를 해결할 수 있는 대처 방법을 찾게 한다. 또한 자신의 에너지를 미술활동에 쏟음으로써 심리적 상처를 회복할 수 있는 안전기지를 발견하게 된다.

이처럼 유아미술치료는 유아에게 의미 있는 경험을 제공한다. 이러한 경험은 자신의 가치를 높여주며 새로운 것을 발견한다. 또한 자신의 가치관, 자신감 등을 형성하면서 진정한 표현의 성취를 이룰 수 있다. 특히 작품을 완성하면서 개인의 성장을 촉진하고 심리사회적 발달을 이룰 수 있다.

더욱이 미술은 시각적인 표현 수단이므로 문제행동을 보이는 유아가 자신의 감정이나 사고 표현에 저항감을 줄일 수 있다. 또한 자신의 갈등을 조절하며 만족감과 성취감을 가지도록 한다. 결국, 미술치료는 승화 과정을 통해 자기 성장을 촉진한다.

미술치료가 유아에게 주는 치료적 장점은 다음과 같다(Malchiodi, 1998).

- 유아의 분노, 적대감과 같은 부정적인 감정을 미술이라는 긍정적인 방법을 통해 해소한다.
- 유아가 미술활동을 하는 과정에서 자신의 무의식적인 생각과 감정을 충분히 표현하는 의사소통의 기능을 한다.
- 유아가 미술 재료를 선택하고 활동을 진행하는 과정에서 작품을 주도적으로 완성하면서 성취감과 만족감을 느끼고 자아개념을 긍정적으로 발달시킨다.
- 다양한 미술 재료를 사용하면 유아의 인지적 능력과 신체적 기능이 발달 된다.
- 미술작품은 유아를 관찰할 수 있는 기회를 제공한다. 또한 심리 · 정서적 발달에 대한 보충적 자료로 활용할 수 있다.

4 미술교육과 미술치료의 공통점과 차이점

미술교육과 미술치료은 미술이라는 공통점이 있으나 교육과 치료라는 차이점이 있다.

먼저, 미술교육과 미술치료의 가장 큰 공통된 목표는 개인 성장을 돕는다는 점이다. 미술은 개인의 삶과 자아를 건강하고 풍요롭게 만들어주기 때문에 개인의 성장을 돕는다. 또한 유아가 자신의 생각이나 감정을 표현하는 하나의 방법으로 미술을 사용한다는 면에서 유아의 성장과 발달에 효과적인 것으로 알려져 있다.

두 번째, 정서발달에 중요한 의미를 가진다는 공통점을 갖는다. 미술표현을 통해 자기 내면의 희망, 행복, 문제, 느낌 등을 자유롭게 표출할 수 있기 때문에 어떤 다른 방법보다 미술이 갖는 효과성이 높다.

미술교육과 미술치료의 차이점은 첫 번째, 미술교육은 교육의 목적을 가지고, 미술치료는 치료 목적을 가진다. 두 번째, 미술교육은 교사의 계획에 따라 진행되며 미술치료는 내담자 개인의 주도하에 이루어진다. 세 번째, 미술교육은 일반적 발달에 따른 목표를 가지고 재료와 환경 또한 목표에 따라 제공되지만 미술치료는 일반적 발달을 따르지 않을 수 있고 재료와 환경은 개인의 문제 상황에 따라 결정된다. 네 번째, 미술교육을 통한 작품은 객관화된 평가를 할 수 있으며 창의성과 인지적인 성장을 촉진시킨다. 그러나 미술치료는 주관적 경험을 우선으로 하며 심리·정서적 문제가 해결되는 것을 평가하고 자신의 감정을 방출하고 표현하는 과정을 통해 내적 갈등을 해결하도록 유도한다.

5 유아교사와 미술치료

1) 유아교사의 미술치료적 자질(Rubin, 2005)

유아교사가 지녀야 할 자질이 여러 가지가 있지만, 미술치료 측면에서 유아교사 자질은 유창성, 융통성, 독창성, 정교성 등이 요구된다.

첫 번째, 유창성은 어떤 문제와 관련해서 다양한 생각을 창출할 수 있는 능력이다. 유창성이 높은 교사는 미술작품에서 모양, 색, 상징성 등을 종합해서 유아들의 다양한 가능성을 발견하고 키워줄 수 있다.

두 번째, 융통성은 동일한 사건을 경직되지 않고 다양한 방법으로 인식할 수 있는 능력이다. 융통성이 높은 교사는 미술활동을 할 때 다양한 재료와 도구를 사용하며, 한 가지 활동을 통해서도 많은 질문과 소통을 할 수 있다.

세 번째, 독창성은 새롭고 독특한 것을 만드는 능력으로 창의성으로도 불린다. 독창성이 높은 교사는 유아 개개인이 선호하는 재료와 주제를 발견하고 발전할 수 있도록 돕는다. 또한 유아가 스스로 자신만의 방법이 담긴 진실된 작품을 만들 수 있도록 하고 자아를 찾아갈 수 있도록 지도할 수 있다.

네 번째, 정교성은 정확하고 치밀하게 내용을 구성하는 능력이다. 정교성이 높은 교사는 자기훈련을 잘한다. 이와 반대로 정교성이 부족할 경우 혼란을 초래한다. 완벽한 교사는 없으므로 자기성찰과정을 거쳐 대상을 객관적으로 바라볼 수 있도록 노력해야 한다.

2) 유아교사의 치료적 접근

유아를 대상으로 하는 교육과 치료의 단기적 목표는 다를 수 있지만 넓은 관점에서 보면, 같은 방향을 지향하는데, 교육과 치료가 함께 이루어지기 때문이다. 교사가 아무리 좋은 교육을 제공할지라도 심리적인 어려움을 겪고 있는 유아는 교육이 제대로 이루어지지 않는다. 이처럼 교사와 유아가 관계를 형성하는 것부터 다양한 문제를 풀어내는 과정까지 유아교사의 치료적 접근이 필요하다. 유아교사의 치료적 접근이 필요한 이유는 다음과 같다.

- 유아교사가 유아 개개인의 다양성을 존중하며 있는 그대로 수용할 수 있게 된다. 이는 교사와 유아가 좀 더 신뢰적인 관계를 형성하는 데 도움을 준다.
- 유아교사의 에너지 소진을 막아 유아와의 관계에 더욱 활력적이게 된다. 또한 역전이를 막아 건강한 교사로 생활할 수 있게 한다.
- 심리적인 상실감을 겪고 상처를 안고 있는 유아들이 많아지면서 유아교사가 교실 안에서 예방적인 치료를 시도해 볼 수 있다.
- 상담적 치료를 받기 위해 전문가에게 의뢰해야 할 유아를 초기에 발견해 증상이 심각해지는 것을 막을 수 있다.

6 유아미술치료 적용

미술치료로써 유아에게 접근하는 방법은 지시적 방법과 비지시적 방법으로 나뉜다. 지시적 방법은 치료사가 직접 유아에게 특정한 주제를 전달해서 그림을 그리게 하거나 만들도록 안내하는 것이다. 비지시적 방법은 특별한 주제를 정해주지 않고 자유롭게 그리거나 만들도록 하는 것이다. 이런 방법은 유아의 상황과 치료 목적에 따라 다르게 사용된다.

치료사는 미술치료를 하는 과정에서 유아를 주의 깊게 관찰해야 한다. 적극적으로 경청하고 공감하는 태도를 가져야 하며, 유아의 작품 안에서 내면에 숨겨져 있는 심리적 반응들을 확인해야 한다. 이러한 과정에서 치료사와 유아는 신뢰가 쌓이고 라포가 형성된다. 즉, 유아는 자신의 부정적 감정을 표출해내고 긍정적인 자존감을 형성하면서 치료적 목표를 달성할 수 있다.

1) 테두리법

치료사가 테두리를 그려진 도화지를 유아에게 제시하는 방법이다. 테두리법은 활동에 대한 공포를 완화하고 시도해볼 수 있는 동기를 부여한다. 이 기법은 자아가 약한 유아에게 사용하면 좋다.

2) 그림 완성하기

그림을 그리는 것에 두려움을 가지고 있는 유아들에게 제시하는 방법이다. 치료사가 신문이나 잡지에서 오린 사진이나 그림을 붙여주고 추가로 그림을 그려 완성하게 하는 방법이다.

3) 자유화와 주제화

자유화는 유아 스스로 그림을 그리는 방법을 결정하여 그리게 하는 방법이다. 주제화는 집, 나무와 같은 특정한 주제를 부여하는 그림이다. 이 두 가지 기법은 유아 내면의 무의식을 의식화시켜 나타내는 데 도움을 준다.

4) 가족화 그리기

유아가 가족을 그리는 것은 유아의 심리와 가족관계를 함께 이해할 수 있다. 이때 유아가 가족을 그리는 것에 따라 유아가 가족을 어떻게 지각하고 있는지 알 수 있다.

5) 협동화 그리기

가족과 소집단 혹은 내담자와 치료사가 한 장의 종이에 그림을 그리는 방법이다. 이 활동은 집단의 체계를 알 수 있고 자신의 감정을 표현하고 타인의 감정을 이해하며 사회성 발달에 도움을 줄 수 있다.

6) 감정 표현하기

최근 감정들을 표현하면서 자신의 감정을 인식하고 타인의 감정을 이해하는 방법이다. 이 활동은 감정을 표현하는 것에 어려움을 느끼고 있는 유아에게 사용하면 좋다.

7 유아미술치료 기법

투사검사는 심리검사의 하나로 자신이 인식하지 못하고 있는 내면의 정서, 욕구, 성격, 사고 등을 평가하는 도구로 사용된다. 대표적인 검사로는 집-나무-사람 검사가 있다. 집-나무-사람 검사는 아주 어린 유아에게도 친숙한 대상으로 의식적이거나 무의식적인 연상을 일으킬 수 있다(Buck, 1948). 집 그림은 유아의 가족관계에 대한 정보를 제공하며, 나무 그림은 유아의 심리적 발달과 환경에 대한 인식을 안내한다. 사람 그림은 유아의 자아상과 중요한 타인과의 관계를 설명해준다.

그 외에도 로사검사, 주제통각검사, 동적 가족화 등이 있다. 로사검사는 잉크반점검사로 아동의 지능, 상상력, 창의력 등을 평가할 수 있는 도구이다. 주제통각검사는 심리 내면을 추론하는 도구로 인물, 사회적 상황 등을 나타내는 그림카드를 사용해서 진단한다. 동적 가족화는 아동이 자신의 가족관계를 어떻게 인식하고 있는지 알아보는 검사 도구로서 물고기 가족화, 동물 가족화 등이 있다.

1) 집-나무-사람 검사

집-나무-사람 그림 검사는 구디너프(Goodenough)가 인물화의 발달 과정을 연구하여 표준화한 것을 벅(Buck)이 1948년에 검사 도구로 정립하였다.

준비물

A4용지 4장, 연필, 지우개

실시방법

① A4용지 1장을 가로로 제시하면서 "집을 그려주세요."라고 한다.
② A4용지 1장을 세로로 제시하면서 "나무를 그려주세요."라고 한다.
③ A4용지 1장을 세로로 제시하면서 "사람을 그려주세요. 단, 사람을 그릴 때는 막대나 만화처럼 그리지 말고 사람 전체의 모습을 그려주세요."라고 한다.
④ A4용지 1장을 세로로 제시하면서 "방금 그린 사람과 반대되는 성을 그려주세요."라고 한다. 유아가 이해하기 어려워할 때는 방금 그린 사람이 여자인지 남자인지 물어보고 여성이라고 하면 남성을 그리게 하면 된다.
⑤ 집, 나무, 사람을 다 그리고 나면 각각의 그림에 대한 질문을 한다.

▸ 집 그림 질문

① 이 집에는 누가 살고 있습니까?
② 이 집에 살고 있는 사람은 행복한가요? 불행한가요?
③ 이 집에 살고 있는 사람은 건강한가요? 건강하지 않나요?
④ 이 집에 살고 있는 사람들의 소원과 필요한 것은 무엇인가요?
⑤ 이 그림의 날씨는 어떠한가요?

▸ 나무 그림 질문

① 이 나무는 어떤 나무인가요?
② 이 나무는 몇 년 되었나요?

③ 이 나무는 살아 있나요? 죽어 있나요?

④ 이 나무에게 필요한 것은 무엇일까요?

⑤ 이 나무의 소원은 무엇일까요?

▸ 사람 그림 질문(남/여)

① 이 사람의 나이는 몇 살인가요?

② 이 사람은 지금 무엇을 하고 있나요?

③ 이 사람의 성격은 어떤가요?

④ 이 사람의 직업은 무엇인가요?

⑤ 이 사람은 친구가 많나요? 없나요?

⑥ 이 사람을 보면 생각나는 사람이 있나요?

▸ 전체적 분석

그림을 전체적으로 바라보고 느낌, 조화, 구조 등을 보는 것이다. 내담자의 환경 적응수준, 성숙도, 자신과 외부에 대한 인지적인 부분을 분석할 수 있다.

▸ 형식적 분석

① **검사 태도 및 시간** : 집-나무-사람 그림을 그릴 때의 행동과 표정을 확인한다. 그림을 그릴 때 긴장을 하는지, 즐겁게 참여하는지, 싫어하고 화를 내는지 등을 관찰한다. 일반적으로 집 그림은 5~6분, 나무 그림은 3~5분, 인물화는 8~10분 정도 소요된다. 그림을 그리는 시간이 2분 이하거나 30분 이상이면 내면에 갈등을 경험하고 있을 수 있다. 그림을 너무 신중하게 그리거나 오랜 시간이 걸리는 아동은 강박적인 성향이 있다고 볼 수 있다.

② **그림의 순서** : 집, 나무, 사람 그림을 그릴 때 일반적으로 그리는 순서가 있다. 집은 지붕, 벽, 문, 창문의 순서로 그려지며, 나무는 줄기, 가지의 순으로 표현된다. 인물화는 일반적으로 머리, 얼굴, 몸, 팔, 다리의 순서로 표현되지만, 얼굴을 가장 마지막에 그리는 아동은 대

인관계에 문제를 가지고 있을 가능성이 있다.

③ **위치**: A4용지 중앙에 그림을 그리는 아동은 정서적으로 안정되어 있다고 볼 수 있다. A4용지 중앙보다 위쪽에 그림을 그렸을 때는 높은 수준을 기대하고 노력하고 있거나 부적절한 낙천주의적 성격을 가지고 있을 가능성이 있으며, A4용지 중심보다 아래쪽에 그림을 그리는 것은 우울함, 불안전함을 나타낸다. 그림이 아래쪽으로 절단된 경우는 충동성을 억제하고자 하는 경향을 나타낸다. 왼쪽으로 절단되어 있을 때는 과거에 고착되었거나 의존성을 나타내며, 오른쪽으로 절단되어 있을 때는 미래로 도피하고자 하는 욕구가 나타난 것이다.

④ **크기**: 그림을 그렸을 때 A4용지의 2/3 정도를 사용하는 것이 일반적이다. 그림의 크기가 지나치게 작을 때는 환경에 부적응적이고 불안정하며 소심함을 나타낸다. 반대로 그림의 크기가 지나치게 클 때는 공격적일 가능성이 있다.

⑤ **필압**: 필압이 강하면 아동의 자신감이 높다고 할 수 있으나 지나치게 필압이 강할 때는 긴장되어 있거나 강박적 성격이 있다고 볼 수 있다. 필압이 약한 아동은 자아가 약하거나 억제로 인해 소심한 아동이며, 필압이 지나치게 약한 아동은 낮은 에너지, 우울증적 경향을 나타낸다.

⑥ **대칭성과 원근법**: 대칭성이 결여된 그림에서는 불안정성이 드러나며 경직된 대칭성은 우울함을 나타낸다. 조감도로 그림을 그릴 때는 환경에 개입하지 않고자 함을 나타내며, 멀리 보이는 그림은 타인과의 관계에 두려움을 느끼고 있을 가능성이 있다.

⑦ **지우기**: 지우개를 지나치게 사용하는 것은 불안감, 불확실성을 표현하는 것이다. 특히 어떠한 부분을 반복해서 고칠 때는 그 부분에 대한 갈등을 가지고 있을 수 있어 확인하는 것이 좋다.

⑧ **생략과 왜곡**: 그림에서 생략하거나 왜곡된 부분은 그 부분에 대한 갈등을 나타낸다.

⑨ **음영**: 그리기 과정에서 나타난 음영은 불안과 갈등이다.

▸ 내용적 분석

① **집 그림 해석**: 집 그림은 아동이 자신이 살아온 가정환경을 어떻게 인식하고 있는지를 나타내며 가족관계에 대해 전반적으로 이해할 수 있다.

ㄱ. 지붕: 생활의 공상영역으로 아동의 정신생활을 상징한다.

ㄴ. 벽: 벽은 자아의 강도를 나타낸다.

ㄷ. 창문: 환경, 타인과의 접촉을 의미한다.

ㄹ. 문: 대인관계에 대한 아동의 태도를 나타낸다.

ㅁ. 계단과 보도: 사회적 상호작용을 상징한다.

② **나무 그림 해석**: 아동의 자신의 내면 상태 또는 정신적 성숙을 나타내며 자아상에 대해 전반적으로 이해할 수 있다.

ㄱ. 줄기: 자아의 생명력 또는 에너지를 상징한다.

ㄴ. 나무껍질: 타인, 환경과의 접촉을 나타낸다.

ㄷ. 가지: 타인과의 교섭 및 달성 의지를 나타내며 적응성을 의미한다.

ㄹ. 뿌리: 내담자의 인지적 발달과 현실 검증력을 나타낸다.

③ **사람 그림 해석**: 인물화는 자기상 또는 의미 있는 타인을 어떻게 인식하는지 알 수 있다. 사람 그림은 집과 나무보다 자기상을 더 잘 나타낸다. 이때 무의식적으로 자신의 모습을 왜곡시키기도 하고 타인을 그리기도 한다. 보통 아동은 자신과 같은 성인 동성을 먼저 그리지만 이성을 먼저 그렸을 때는 이성에 대한 관심이 강하거나 갈등이 있을 수 있다.

ㄱ. 머리: 자기와 자아를 의식하며, 아동은 일반적으로 머리를 크게 그린다.

ㄴ. 얼굴: 현실의 세계와 접촉하는 것을 상징한다.

ㄷ. 목: 감정과 충동을 연결시키는 것을 의미한다.

ㄹ. 팔: 신체적 상태와 환경과의 접촉을 반영한다.

ㅁ. 손: 인간관계를 상징한다.

ㅂ. 다리: 성격의 안정성과 의존성을 나타낸다.

ㅅ. 몸통: 신체 이미지와 에너지를 상징한다.

ㅇ. 어깨: 남성적 힘과 자기현시의 욕구를 나타낸다.

▸ 그림 사례

2) 동적 가족화

동적 가족화는 번(Burns)과 카우프만(Kaufman)에 의해 개발되었으며, 가족 구성원과의 상호작용과 역동성을 확인할 수 있는 투사검사이다.

준비물

A4용지 4장, 연필, 지우개

실시방법

① A4용지 1장을 제시하면서 "본인을 포함한 가족들이 무엇을 하고 있는 그림을 그려주세요. 단, 사람을 그릴 때는 막대나 만화처럼 그리지 말고 사람 전체의 모습을 그려주세요"라고 한다.
② 동적 가족화를 다 그리고 나면 그림에 대한 질문을 한다.

▸ 동적 가족화 질문

① 이 사람은 누구인가요? (그린 순서에 따라 질문하기)
② 가족들이 무엇을 하고 있나요?
③ 가족들의 기분은 어떤가요?
④ 가족들의 성격은 어떤가요?
⑤ 이 상황 전에는 어떤 일이 있었을 것 같나요?
⑥ 앞으로 어떤 일이 생길까요?
⑦ 가족 중 그리기 힘든 사람이 있었나요?
⑧ (가족 외 인물을 그렸을 때) 왜 이 사람을 그렸나요?

▸ 해석방법

① **인물상의 행위 해석**: 인물상의 행위 해석은 가족의 상호작용을 확인한다. 가족 모두가 상호작용하고 있는지, 일부와 상호작용을 하는지, 상호작용하지 않는지를 확인하여 가족의 역할 유형을 해석한다.
② **그림의 양식**: 그림의 양식이 일반적일 때는 신뢰감이 형성된 가족으

로 우호적 상호관계를 맺고 있다고 볼 수 있다. 그러나 하나 이상의 선을 이용해 의도적으로 구분했을 때에는 가족관계에 갈등이 있음을 의미한다. 또한 한 인물을 선이나 건물로 포위하였을 때는 불안이나 공포를 나타내며, 특히 용지의 가장자리에 그릴 때는 강한 저항을 의미한다.

③ **상징**: 동적 가족화에서 임상적으로 의미를 가진다고 볼 수 있는 사물이 있다. 공처럼 던질 수 있는 물체는 공격성과 경쟁심이라고 볼 수 있고 칼, 총, 폭발 등은 분노, 거부감, 적개심이 표현되었다고 할 수 있다. 꽃은 아름다움과 사랑, 성장을 상징하며 일반적으로 여아가 여성스러움을 강조하고자 할 때 그려진다. 태양이나 전등의 열이 적절할 때는 애정적이며 희망적이라고 볼 수 있고 빛이나 열이 파괴적일 때는 애정적 욕구로 볼 수 있다. 비, 바다, 강, 호수 등 물과 관련된 것이 강조되어 있을 때는 우울감과 억울함을 나타낸다.

④ **인물의 역동성**: 인물의 순서는 대부분 가족 내의 관계에서 오는 일상적 순서를 의미한다. 인물상의 크기는 가족에 대한 관심의 정도를 나타내며 인물상의 거리는 가족들에 대한 내담자의 심리적 거리를 의미한다. 인물을 생략한 것은 아동이 그 인물에 대한 공격성이나 부정적인 감정을 가지고 있음을 의미한다.

▸ 그림 사례

3) 동물 가족화

동물 가족화는 동적 가족화에서 파생된 것으로 가족을 부정적으로 그리는 것에 죄의식을 느끼거나 표현력이 낮은 아동을 대상으로 진행한다. 동물을 통해 가족의 역동성을 쉽게 진단할 수 있는 기법이다.

준비물

A4용지(용지는 욕구에 맞춰 자유롭게 선택 가능) 1장, 동물 그림, 가위, 풀 색연필, 사인펜 등

실시방법

① "본인을 포함한 가족이 동물로 변했다고 상상해 보세요."라고 한다.
② A4용지 1장을 제시하면서 "동물로 가족을 표현해 보세요."라고 한다.
③ 동물 가족화를 다 그리고 나면 그림에 대한 질문을 한다.

▸ 동물 가족화 질문

① 이 동물은 어떤 동물인가요? (그리거나 붙인 순서에 따라 질문하기)
② 동물들이 무엇을 하고 있나요?
③ 동물들의 기분은 어떤가요?
④ 동물들의 성격은 어떤가요?
⑤ 그림을 보면 어떤 느낌이 드나요?

▸ 해석방법

① **고립형**: 자신을 마지막으로 그리거나 작게 그리는 경우, 혼자 다른 공간에 있는 경우는 심리적 고립, 위축감을 나타낸다.
② **병렬형**: 나열된 그림으로 비슷한 모습으로 그려질 때는 억압을 나타낸다.
③ **지배형**: 위에서 내려다보는 그림으로 그려지거나 강한 동물이나 이빨, 부리가 강조되어 표현된다.

④ **자기중심형**: 자신을 가장 크게 그리고 가운데 그린다.

⑤ **거부형**: 감정표현에 대한 거부감으로 인해 동물들을 선택하는 것을 중단하는 것을 의미한다.

▸ 그림 사례

4) 동적 학교화

동적 학교화는 1974년 프로우트(Prout)와 필립스(Phillips)에 의해 소개된 것으로 동적 가족화를 보충하기 위해 사용되었다. 일반적으로 동적 가족화를 그린 뒤 이어서 실시한다. 학교에 대한 인식이나 교사상, 또래관계 등을 쉽게 진단할 수 있는 기법이다. 유아를 대상으로 할 때는 교사가 학교를 유치원으로 이해하도록 설명하면 된다.

준비물

A4용지, 연필, 지우개 등

실시방법

① "학교 그림을 그려주세요. 본인과 선생님, 학생 두 명을 포함해서 무엇을 하고 있는 모습을 그려주세요."라고 한다.

② 동적 학교화를 다 그리고 나면 그림에 대한 질문을 한다.

▸ 동적 학교화 질문

① 이 사람은 누구인가요? (그린 순서에 따라 질문하기)

② 학교에서 무엇을 하고 있나요?

③ 사람들의 기분은 어떤가요?

④ 이 상황 전에는 어떤 일이 있었을 것 같나요?

⑤ 앞으로 어떤 일이 생길까요?

▸ 해석방법

동적 가족화와 마찬가지로 인물상의 행위 해석, 그림의 양식, 상징, 인물의 역동성의 네 가지 영역으로 나누어 해석한다.

▸ 그림 사례

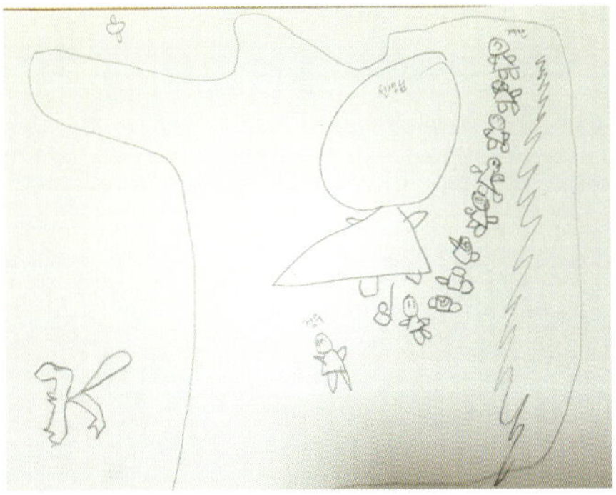
이야기 나누기

역할놀이

낮잠시간

실외놀이

활동해 봅시다

1. 나움버그, 크레머, 울만이 주장하는 미술치료 개념의 차이점에 대하여 토의해 봅시다.

2. 미술교육현장에서 미술치료를 적용할 수 있는 상황을 제시해 봅시다.

3. 미술치료를 적용한 미술교육 프로그램을 탐색해 보고 실행해 봅시다.

Chapter 10 미술기법을 활용한 활동
Chapter 11 재료를 활용한 활동
Chapter 12 주제별 활동
Chapter 13 멀티미디어를 활용한 미술활동

Part II

유아미술교육 실제

Chapter

10 미술기법을 활용한 활동

학습목표

1. 미술기법을 활용한 활동을 이해하고 설명할 수 있다.
2. 다양한 미술기법을 유아미술교육에 활용할 수 있다.

1 그리기

1) 이야기 듣고 그리기

활동목표

- 이야기를 듣고 내용을 생각한다.
- 자신의 생각을 그림으로 그린다.

활동자료

- 도화지, 크레파스, 연필, 사인펜 등

활동전개

- 교사가 동화책을 선정한 후 이야기를 들려준다.
- 동화를 주의 깊게 듣는다.
- 동화를 듣고 생각나는 이야기를 나눈다.
- 그림으로 표현해본다.

확장활동

- 동화의 결말을 새롭게 정한다.
- 동화에 새로운 주인공을 설정한다.
- 내가 동화 속에 들어가는 상상을 하고 그린다.

유아 심리 Tip
- 유아의 상상력을 기를 수 있다.

작품사진

'라푼젤' 듣고 그리기

'우리는 친구' 듣고 내 친구 그리기

2) 선으로 그림 그리기

활동목표
- 선을 겹쳐 그리면서 재미있는 난화를 그린다.
- 난화에서 다양한 모양을 찾아 이야기를 만든다.

활동자료
- 전지, 도화지, 크레파스, 연필, 사인펜 등

활동전개
- 활동 시작 전에 재미있는 선 긋기 놀이를 한다.
- 교사가 도화지 위에 낙서 그림을 그린 후 어떤 모양으로 보이는지 질문 한다.
- 자신이 좋아하는 색의 크레파스를 고른다.
- 전지 위에 선을 이용한 난화를 그린다.
- 난화를 보고 숨은 그림을 찾는다.
- 숨은 그림을 이용한 이야기를 만든다.

확장활동
- 협동 선 그림 그리기 활동을 한다.

유아 심리 Tip
- 낙서를 통한 난화 활동을 통해 심리적 스트레스를 해소할 수 있다.
- 완성도가 높아 자신감이 부족한 유아들에게 유용하다.
- 유아가 찾는 숨은 그림은 내면의 욕구를 표현한 것으로 표현력이 향상된다.

작품사진

좋아하는 색으로 낙서하기

난화에서 숨은그림찾기

2 만들기

1) 자연물로 만들기

활동목표

- 자연물을 이용한 활동으로 자연친화적 태도를 기른다
- 꽃과 나비를 만들며 창의성을 기른다.

활동자료

- 마른 나뭇잎, 마른 꽃잎, 물풀, 사인펜, 색연필, 글루건 등

활동전개

- 마른 꽃과 나뭇잎을 이용하여 이야기를 나눈다.
- 마른 잎과 꽃을 봉투에 담는다.
- 봉투를 모루로 접고 나비를 만든다.
- 꽃과 나비를 붙여 자연을 만든다.
- 작품을 감상하며 발표 후 게시한다.

확장활동

- 계절에 따른 자연환경 변화를 살피고 그린다.
- 마른 나뭇잎과 꽃을 부수는 활동을 하며 즐거움을 느낀다.

유아 심리 Tip

- 자신의 주변 세계에 호기심을 갖고 소중함을 느낀다.
- 서로의 작품을 감상하고 칭찬하며 긍정적인 감정을 교류한다.

작품사진

자연물로 나비 만들기

나비가 사는 환경 만들기

2) 감정인형 만들기

활동목표

- 나의 기분을 상황에 맞춰 적절하게 표현할 수 있다.
- 다른 사람의 감정을 이해하고 공감할 수 있다.

활동자료

- 감정도안, 매직, 도화지, 장갑, 나무막대, 색연필, 사인펜 등

활동전개

- 감정도안을 보며 각각의 감정에 대해 이야기를 나눈다.
- 감정도안을 오려 색칠한다.
- 색칠한 얼굴 표정을 장갑 또는 나무막대에 붙인다.
- 인형을 추가로 더 꾸민다.
- 자신이 만든 감정인형이 어떤 감정인지 나눈다.

확장활동

- 자신뿐 아니라 가족, 친구의 감정도 그린다.
- 얼굴 표정을 점토, 과자 등 다양한 재료를 사용해 만든다.

유아 심리 Tip

- 자신의 감정을 인식할 수 있다.
- 타인의 감정을 이해하고 공감하는 능력을 기른다.

작품사진

나무막대 감정인형

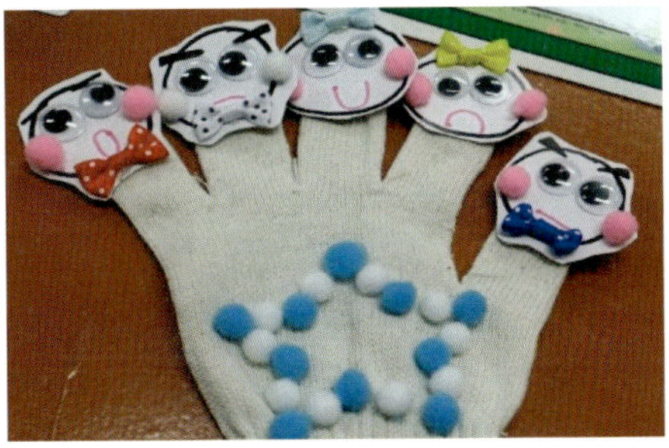

장갑 감정인형

3 찍기

1) 데칼코마니

활동목표

- 데칼코마니를 이용해 자유롭게 표현한다.
- 그림의 대칭을 찾고 이해한다.

활동자료

- 도화지, 물감, 크레파스 등

활동전개

- 도화지를 반으로 접는다.
- 물감 3~4개의 색을 한쪽 면에만 짠다.
- 다시 도화지를 반으로 접는다.
- 유연히 완성된 무늬를 확인한다.
- 대칭 그림에 연상이 되는 것을 떠올리며 크레파스로 그림을 추가한다.

확장활동

- 도화지 대신 다양한 종이를 사용한다.
- 대칭 무늬를 상상하며 계획적으로 물감의 위치를 정하여 만든다.

유아 심리 Tip

- 물감을 뿌리는 행동을 관찰하면 유아의 성격을 파악할 수

있다.

- 손을 사용하기 꺼리는 유아는 나무젓가락이나 밀대를 이용해서 참여할 수 있도록 안내하여 심리적 이완을 도울 수 있다.

작품사진

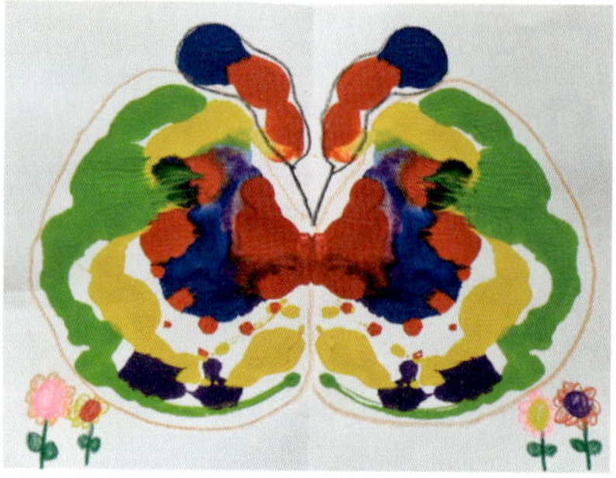

나비와 꽃

2) 내 손바닥 찍기

활동목표

- 지점토의 질감을 느끼고 표현할 수 있다.
- 손바닥 탐색을 통해 개개인의 손 크기, 손금, 길이 등이 다름을 안다.

활동자료 지점토, 밀대, 물감 등

활동전개

- 자신의 손의 모양, 길이, 손금 등을 관찰한다.
- 지점토를 반죽해서 평평하고 동그랗게 만든다.
- 손바닥이 찍힐 만큼의 크기로 만든다.
- 지점토 위에 손바닥을 찍고 느낌을 이야기한다.
- 지점토가 마르면 물감으로 색칠한다.
- 완성된 후 자신의 손바닥과 비교한다.

확장활동

- 손바닥 외에 신체 다른 부분을 찍고 색칠한다.
- 완성된 작품에 고리를 걸어 전시하고 감상한다.

유아 심리 Tip

- 자신의 신체를 활용한 작품으로 긍정적 신체상 인식에 도움

을 준다.
- 자신이 좋아하는 색으로 칠하며 흥미를 유발한다.
- 지점토를 만지는 감각적 활동으로 심리적 안정감을 느낀다.

작품사진

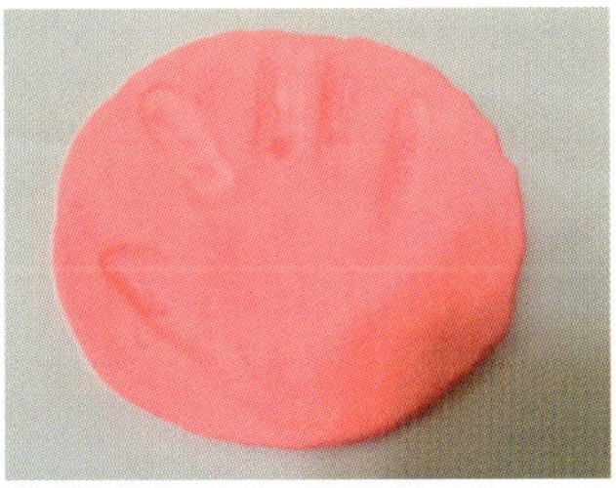
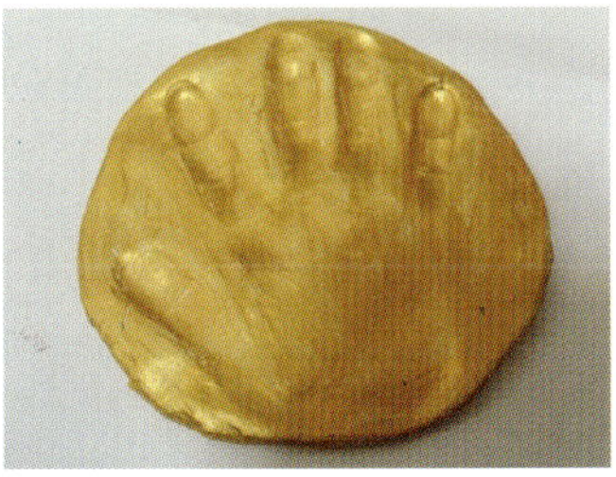

4 빚기

1) 밀가루 점토

활동목표
- 밀가루 점토를 이용해 음식을 표현할 수 있다.
- 몸에 좋은 음식을 골고루 먹어야 함을 안다.

활동자료 밀가루, 물, 식용색소, 소금, 식용유, 그릇 등

활동전개
- 밀가루와 식용색소를 섞어 색을 낸다.
- 밀가루 반죽에 소금과 식용유를 넣어 반죽한다.
- 많이 주물러 주면서 부드럽게 만든다.
- 밀가루 반죽을 이용해 내가 좋아하는 음식을 만든다.

확장활동
- 공동작품으로 함께 나눠 먹을 수 있는 음식을 만든다.
- 밀가루 반죽 작품을 만들어 친구에게 선물한다.
- 밀가루 점토로 음식을 만들어 역할놀이 소품으로 활용한다.

유아 심리 Tip

- 밀가루 반죽을 충분히 주물러보며 자신의 감정을 자유롭게 표현한다.
- 나에게 주고 싶은 음식을 만들면서 자신의 욕구를 충족할 수 있다.
- 서로가 만든 음식에 대해 이야기를 나누며 친사회성을 향상한다.

작품사진

나에게 주고 싶은 음식

5 붙이기

1) 콜라주

활동목표

- 창의성과 표현력을 높인다.
- 가위 사용을 통해 집중력을 기른다.

활동자료

도화지, 잡지책, 신문, 전단지, 사인펜, 크레파스, 색연필, 풀, 가위 등

활동전개

- 콜라주의 주제를 정한 후 이야기 나눈다.
- 잡지, 신문, 전단지 등에서 자신이 꾸밀 그림을 선택한다.
- 그림을 붙이고 그림을 추가한다.

- 배경을 꾸미고 완성한다.
- 콜라주를 완성하고 이야기를 나눈다.

확장활동

- 다양한 그림이 있는 콜라주 재료를 제공한다.
- 그림을 오려 붙일 때 입체적인 작업이 될 수 있도록 한다.

유아 심리 Tip

- 콜라주 작업은 유아가 심리적 부담이 없이 개방적으로 접근할 수 있다.
- 자신감이 없는 유아에게 손쉽게 적용할 수 있다.
- 그림은 함축된 이미지를 담고 있어 유아의 내면을 표현해 준다.

작품사진

내가 사고 싶은 것

아빠랑 캠핑에 갔어요

2) 모자이크

활동목표 종이를 찢어 붙이는 과정을 통해 소근육을 조절한다.

활동자료 모자이크 도안, 양면 색지, 색 도화지, 풀, 크레파스, 색연필 등

활동전개

- 모자이크 도안을 고른다.
- 배경이 되는 색 도화지를 선택한다.
- 색지를 찢어 도안에 붙인다.
- 붙일 수 있는 다양한 재료를 추가해 모자이크를 완성한다.
- 모자이크를 배경 색 도화지에 붙이고 크레파스와 색연필로 배경을 꾸민다

확장활동 밑그림을 스스로 그리도록 한다.

유아 심리 Tip

- 종이를 찢는 활동을 통해 심리적 스트레스를 해소할 수 있다.
- 도안을 활용한 활동으로 완성도가 높아 성취감을 얻을 수 있다.

작품사진

6 염색

1) 소금 화분 만들기

활동목표

- 파스텔로 소금에 색을 입혀보면서 색의 변화를 느낀다.
- 미술 활동에 대한 흥미와 호기심을 불러일으킨다.
- 소금의 역할을 알아보고 이해한다.

활동자료

소금, 파스텔, 사포, 위생봉투, 투명 컵 등

활동전개

- 굵은 소금, 가는 소금, 맛소금 중 하나의 소금을 선택한다.
- 파스텔을 사포로 문질러 가루를 낸다.
- 위생봉투에 파스텔과 소금을 올리고 섞는다.
- 반복해서 여러 색깔의 소금을 만든다.
- 투명 컵에 소금을 순서대로 담는다.
- 얼굴 꽃을 꽂고 소금 화분을 완성한다.

확장활동

색 소금을 이용한 그림을 그려본다.

유아 심리 Tip

- 자신이 좋아하는 색을 고르고 표현하도록 한다.
- 자신의 사진을 이용한 활동으로 긍정적 자아상 형성에 도움을 준다.

작품사진

색 소금 화분

내 얼굴 꽃 심기

활동해 봅시다

1. 미술기법을 활용한 활동을 탐색하고 실행해 봅시다.

2. 미술기법을 활용한 활동을 창의적으로 실행할 수 있는 방안을 제시해 봅시다.

Chapter

11 재료를 활용한 활동

학습목표

1. 재료를 활용한 활동을 이해하고 설명할 수 있다.
2. 다양한 재료를 유아미술교육에 활용할 수 있다.

1 파스텔

1) 파스텔 자유화

활동목표

- 문지르는 효과를 통해 다양한 표현 방법을 이해한다.
- 다양한 색이 섞이는 것을 관찰한다.

활동자료

도화지, 파스텔, 휴지, 연필, 지우개, 색연필, 사인펜, 크레파스 등

활동전개

- 도화지에 연필로 스케치를 한다.
- 연필로 그린 밑그림 안에 파스텔로 연하게 칠한다.
- 파스텔을 휴지나 손으로 문지른다.
- 파스텔로 그림을 그리는 느낌을 서로 이야기한다.
- 색연필, 사인펜, 크레파스 등을 이용해서 그림을 완성한다.

확장활동

- 다양한 종이(색지, 사포 등)에 파스텔로 그림을 그린다.
- 다른 도구(면봉, 채 등)를 이용해 표현하며 느낌의 차이를

경험한다.

유아 심리 Tip

- 그림 그리기를 힘들어하는 유아들을 대상으로 쉽게 접근할 수 있다.
- 색다른 표현 방법을 통해 자신감을 가질 수 있다.

작품사진

가족과 함께 산책을 갔어요.

2 물감

1) 수채화 물감 불기

활동목표

- 종이 위에 연상되는 그림을 그리며 창의성을 기른다.
- 빨대로 물감을 불면서 호흡을 연습한다.

활동자료

도화지, 물감, 빨대 등

활동전개

- 도화지에 물감을 떨어트린다.
- 떨어트린 물감을 빨대로 불어 번지게 한다.
- 물감의 양을 조절해서 여러 갈래로 분다.
- 종이를 말린 후 이미지를 연상한다.

- 그림에 제목을 정하고 완성한다.

확장활동

- 빨대의 굵기와 크기를 달리해서 불고 차이점을 느낀다.
- 물감 불기를 통해 그려진 이미지에 그림을 추가로 그리고 감상한다.

유아 심리 Tip

- 손에 묻는 것을 싫어하는 유아에게 사용하기 적합하다.
- 물감 불기를 통해 나오는 형상을 보고 심상을 떠올리면서 유아의 내면을 탐색할 수 있다.

작품사진

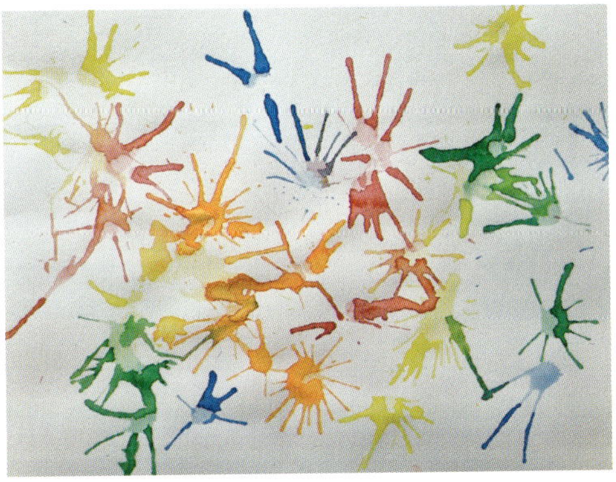

2) 스펀지 찍기

활동목표

- 스펀지를 이용한 다양한 찍기 활동을 한다.
- 물감을 흡수하는 스펀지의 특성을 이해한다.

활동자료

물감, 물, 그릇, 여러 모양의 스펀지, 크레파스, 사인펜 등

활동전개

- 모양과 크기가 다른 스펀지를 모은다.
- 물감과 물을 섞여 여러 색을 만든다.
- 물감에 스펀지를 넣어둔다.
- 도화지에 다양한 색의 스펀지를 찍는다.
- 크레파스와 사인펜을 이용해 추가로 그림을 그린다.

- 완성하고 작품을 감상한다.

확장활동

- 스펀지의 크기와 모양을 다양하게 준비해서 찍고 차이점을 느낀다.
- 스펀지 찍기를 통해 그려진 이미지 위에 그림을 추가로 그리고 감상한다.

유아 심리 Tip

- 유아의 상상력과 창의성이 향상될 수 있다.
- 완성된 그림을 통해 심리를 파악할 수 있다.

작품사진

3 거품

1) 비눗방울 그림

활동목표

- 다양한 재료를 사용해서 자유롭게 표현한다.
- 색의 혼합과 매체의 변화를 이해한다.

활동자료

도화지, 물감, 종이컵, 비눗물, 숟가락, 빨대 등

활동전개

- 종이컵에 물감을 넣는다.

- 물감을 넣은 양과 비슷하게 비눗물을 넣는다.
- 빨대로 숨을 불어 넣어 거품을 만든다.
- 거품이 종이컵 위에 생기게 한다.
  1. 거품을 숟가락으로 떠서 도화지에 올린다.
  2. 거품을 만들어 도화지 위로 흘리게 한다.
  3. 거품 위로 도화지를 덮어 찍는다.
- 그림을 보고 이미지를 연상한다.

확장활동

비눗방울 무늬 위에 크레파스를 이용해 그림을 그리고 감상한다.

유아 심리 Tip

- 거품을 보고 떠오르는 심상을 표현하며 유아의 내면을 알 수 있다.
- 유아의 흥미를 유발하고 행동을 촉진하며 리포형성을 위해 사용될 수 있다.

작품사진

4 실

1) 실 그림

활동목표

- 실의 특성을 이해한다.
- 실과 물감을 이용해 작품을 표현한다.

활동자료

도화지, 실, 물감, 접시, 나무젓가락 등

활동전개

- 실을 30~40cm 정도로 잘라 나무젓가락에 묶는다.
- 물감을 몇 가지 색으로 나누어 준비한다.
- 실에 물감을 물들인다.
- 물들인 실을 도화지 위에 올린다.
- 도화지를 반으로 접고 두꺼운 책을 올려 눌러준다.
- 실을 잡아 뺀다.
- 도화지를 펼친 후 추가로 그림을 그린다.

확장활동

- 실에 한 가지 색이 아닌 많은 색을 이용해 군데군데 물들인다.
- 종류가 다른 여러 실을 이용해 본다.

유아 심리 Tip

- 그림을 통해 유아의 긍정적, 부정적인 심리를 파악할 수 있다.
- 실을 이용한 자유로운 그림 활동을 통해 창의성이 발달된다.

작품사진

강아지

5 먹

1) 수묵화 그리기

활동목표

- 화선지와 먹으로 그림을 그린다.
- 매체의 변화를 경험한다.

활동자료

화선지, 붓, 먹, 벼루, 그릇 등

활동전개

- 수묵화 작품을 감상한다.
- 수묵화의 느낌을 이야기한다.
- 먹물을 떨어트리거나 붓을 굴린다.
- 먹의 번짐과 변화를 발견한다.
- 수묵의 번짐 현상을 관찰하고 연상한다.
- 수묵화를 그린다.
- 수묵화의 제목을 정하고 발표한다.

확장활동

- 수묵화를 보고 명화 따라 그리기 활동을 한다.
- 붓이 아닌 칫솔, 나무젓가락, 빨대를 이용해 그림을 그려본다.

유아 심리 Tip

- 먹물이 주는 정서적 안정감을 느낄 수 있도록 한다.
- 붓으로 그림을 그리며 집중력을 기를 수 있다.

작품사진

6 자연물

1) 만다라 자연물

활동목표

- 감정을 이완하고 집중력을 기른다.
- 곡물을 이용한 활동을 통해 소근육을 발달한다.

활동자료 곡식, 점토, 만다라 도안, 색접시 등

활동전개

- 곡식을 탐색한다.
- 만다라 활동을 한다.
  1. 점토 위에 곡식을 올린다.
  2. 만다라 도안 위에 곡식을 올린다.
- 만다라가 마르면 두꺼운 도화지에 붙인다.
- 만다라를 완성하고 제목을 정한다.

확장활동

- 다양한 재료(한지, 스티커, 색연필, 사인펜 등)를 이용해 만다라 작업을 한다.
- 완성한 만다라를 이용해 모빌을 만든다.

유아 심리 Tip

- 유아가 심리적 안정감을 얻고 자아를 표출한다.
- 만다라 작업을 통해 정서순화와 심리적 통합을 경험한다.

작품사진

2) 돌탑 만들기

활동목표

- 돌의 다양한 모양과 크기를 이용해 창의적으로 표현한다.
- 나의 주변 세계에 관심을 가진다.

활동자료

돌탑 사진, 돌, 찰흙 등

활동전개

- 돌탑 사진을 보여준다.
- 다양한 돌을 살핀다.
- 돌로 탑을 만들 수 있는 방법을 나눈다.
- 돌로 탑을 만든다.
- 돌 사이에 찰흙을 붙여 탑을 만든다.
- 자신이 만든 돌탑을 설명한다.

확장활동

- 산책 나가서 여러 모양의 돌을 관찰한다.
- 돌탑 이외에 다른 것을 만들어 본다.
  예) 돌하르방, 첨성대 등

유아 심리 Tip

- 탑을 쌓아보며 자신을 통제하는 능력을 기른다.
- 돌에 찰흙을 붙여보며 자신의 인적, 물리적 자원을 인식한다.

작품사진

7 폐품

1) 화분 만들기

활동목표

- 재활용품을 이용해 화분을 구성할 수 있다.
- 다양한 재료를 탐색하며 창의적 사고를 증진한다.

활동자료

재활용품 컵, 매직, 색돌, 스티커, 수경식물, 모루 등

활동전개

- 재활용품에 대해 이야기를 나눈다.
- 재활용품 컵을 씻어 말려둔다.
- 매직과 다양한 꾸미기 재료를 이용해 컵을 꾸민다.
- 컵에 색돌을 넣는다.
- 수경식물을 넣고 화분을 완성한다.
- 화분의 이름을 정한다.

확장활동

수경식물을 관찰하여 그림을 그린다.

유아 심리 Tip

- 완성도가 높은 활동으로 성취감을 높인다.
- 버려지는 물건인 재활용품을 이용해서 새로운 작품을 만들게 되면서 자존감 형성에 도움이 된다.
- 자연친화적인 소재인 수경식물을 키우면서 심신을 이완시킨다.

작품사진

8 식재료

1) 내 친구 만들기

활동목표

- 과자를 이용해 친구를 만든다.
- 관찰력을 높이고 친화력을 생성한다.

활동자료

여러 종류의 과자, 접시 등

활동전개

- 친구 모습을 관찰한다.
- 식재료를 탐색한다.
- 친구를 꾸밀 식재료를 선택한다.
- 식재료를 부수거나 가루를 만들어 본다.
- 친구를 꾸며본다.
- 친구에게 보여주면서 이야기한다.

확장활동

- 과자로 우리 가족의 얼굴을 만들어 본다.
- 집단으로 과자를 활용한 만들기 활동을 한다.

유아 심리 Tip

- 긍정적 또래관계를 형성할 수 있다.
- 유아의 흥미를 유발할 수 있고 스트레스를 해소할 수 있다.

작품사진

활동해 봅시다

1. 재료를 활용한 활동을 탐색하고 실행해 봅시다.

2. 재료를 활용한 활동의 실제를 관찰하고 교사의 역할을 제시해 봅시다.

Chapter

12 주제별 활동

학습목표

1. 주제별 활동을 이해하고 설명할 수 있다.
2. 다양한 주제별 활동을 유아미술교육에 활용할 수 있다.

1 유치원 / 어린이집과 친구

1) 유치원 / 어린이집 버스를 탄 우리들

활동목표

- 우리 반 친구에 대해 관심을 가진다.
- 친구의 모습을 관찰하고 그림으로 표현한다.

활동자료

도화지, 색지, 물감, 색연필, 사인펜, 털실 등

활동전개

- 도화지에 버스 모양을 그린다.
- 물감을 이용해 버스를 색칠한다.
- 색지를 이용해서 친구들 모양으로 오린다.
- 친구들의 눈과 머리카락을 꾸민다.
- 친구들을 버스에 태운다.

확장활동

- 우리 반 친구들이 함께 놀이하는 모습을 그린다.
- 식빵과 과자를 이용해 친구들의 얼굴을 꾸민다.

유아 심리 Tip

- 또래와 긍정적 관계를 형성할 수 있도록 지지하고 격려한다.
- 유아가 유치원/어린이집을 어떻게 인식하고 있는지 알 수 있다.

작품사진

유치원에 가고 있어요

2) 내 이름 꾸미기

활동목표

- 내 이름에 관심을 가진다.
- 나를 다른 사람에게 표현하는 능력을 기른다.

활동자료

이름 도안, 색연필, 사인펜, 자연물, 우드락, 풀 등

활동전개

- 자신의 이름이 쓰인 도안을 고른다.
- 다양한 곡식의 색과 모양을 관찰한다.
- 자신의 이름을 꾸민다. (색연필, 사인펜, 자연물 등)
- 이름 꾸미기를 완성하고 발표한다.
- 전시한 후 서로의 이름을 확인한다.

확장활동

- 다양한 재료를 이용해 이름 모자이크 활동을 한다.
- 클레이를 이용해 자신의 얼굴을 꾸민다.

유아 심리 Tip

- 자신의 이름을 꾸며보며 자존감을 향상할 수 있다.
- 자신을 소개하는 시간을 가져 친밀감을 형성하고 자아를 탐색한다.

작품사진

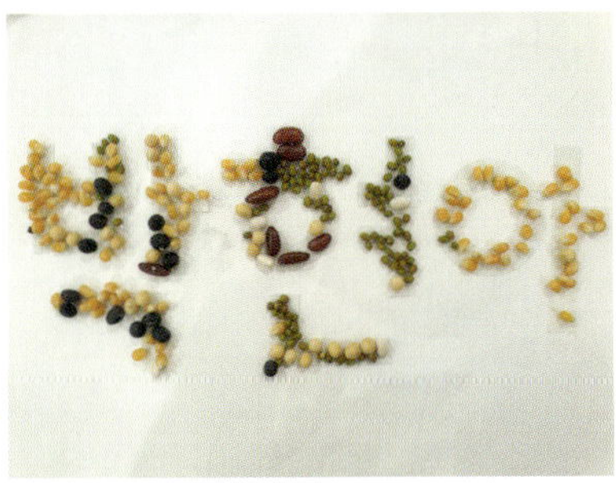

2 나와 가족

1) 꽃씨로 내 얼굴 꾸미기

활동목표

- 자신의 얼굴을 관찰하고 꽃씨로 표현한다.
- 자신의 신체를 긍정적으로 인식한다.

활동자료

도화지, 펠트지, 꽃씨(해바라기, 나팔꽃, 봉선화, 수세미 등), 색연필, 사인펜 등

활동전개

- 거울을 보고 자신의 모습을 관찰한다.
- 펠트지로 만든 얼굴형, 머리카락 중 자신과 비슷한 것을 고른다.
- 도화지에 얼굴과 머리카락을 붙인다.

- 꽃씨를 이용해 얼굴을 꾸민다.
- 색연필과 사인펜을 이용해 더 그리고 싶은 부분을 그린다.
- 완성한 뒤 친구들과 함께 감상한다.

확장활동

- 꽃씨를 이용해 가족의 얼굴을 표현한다.
- 꽃씨를 화단에 심고 자라는 모습을 관찰해서 그림을 그린다.

유아 심리 Tip

- 현재 유아의 감정 상태를 파악한다.
- 꽃씨를 만져보며 긍정적 미래상을 형성할 수 있다.

작품사진

2) 과자집 만들기

활동목표

- 과자 모양의 특징을 찾아 집을 만들어 보며 상상력을 기른다.
- 자신이 생각한 것을 독창적으로 표현할 수 있다.

활동자료

과자, 우드락, 생크림 등

활동전개

- 우드락으로 집의 뼈대를 만든다.
- 과자의 다양한 모양을 찾아본다.
- 집에 과자를 붙여 완성한다.
- 완성된 집을 전시한다.
- 서로가 만든 집을 감상한다.

확장활동

- 헨젤과 그레텔 동화를 함께 읽는다.
- 여러 집을 모아서 우리 동네를 만든다.

유아 심리 Tip

- 유아의 창의성을 기를 수 있다.
- 스트레스를 해소하고 삶의 행복감을 형성한다.

작품사진

3 우리 동네

1) 함께 사는 우리 동네

활동목표

- 상상력을 자극하고 창의력을 기른다.
- 또래와의 활동을 통해 협동심을 기른다.

활동자료

집 모형, 나뭇가지, 풀, 꽃, 하드보드지, 색연필, 사인펜 등

활동전개

- 우리 동네에 무엇이 있는지 생각한다.
- 각자의 집 모형을 나뭇가지, 풀, 꽃을 이용해 꾸민다.
- 집을 완성한 뒤 색연필과 사인펜을 이용해 동네를 꾸민다.
- 우리 동네의 주변을 구성한다.
- 우리 동네의 이름을 정하고 감상한다.

확장활동

- 우리 동네 역할놀이를 한다.
- 집단 작업을 통해 큰 규모의 작품을 만들고 전시한다.

유아 심리 Tip

- 활동 중에 자신의 느낌을 표현할 수 있도록 한다.
- 집단 활동을 통해 협동심을 기른다.

작품사진

우리 집

서로의 집을 연결하는 길

2) 우리 동네에는 무엇이 있을까?

활동목표

- 우리 동네에 관심을 가지고 창의적으로 꾸민다.
- 구성능력과 눈과 손의 협응력을 기른다.

활동자료

도화지, 크레파스, 색연필, 사인펜, 연필, 지우개 등

활동전개

- 우리 동네의 특징을 관찰한다.
- 우리 동네에 대해 이야기한다.
- 우리 동네에서 다른 사람들에게 소개하고 싶은 곳을 정한다.
- 그림으로 우리 동네를 표현한다.
- 우리 동네 그림을 완성하고 발표한다.

확장활동

- 동네를 산책하면서 작품과 연계하는 스토리텔링 한다.
- 다양한 직업에 대해 알아본다.

유아 심리 Tip

- 기억력과 관찰력을 키울 수 있다.
- 유아의 주변 환경을 탐색해서 심리적 에너지 상태를 파악할 수 있다.

작품사진

우리 동네 꽃동산 소개하기

4 동식물과 자연

1) 동물원 만들기

활동목표
- 다양한 동물의 생김새를 안다.
- 또래와의 긍정적 상호작용을 통해 사회성을 기른다.

활동자료 나무 조각, 열매, 목공풀, 하드보드지, 색연필, 사인펜 등

활동전개
- 동물원에서 봤었던 동물을 이야기한다.
- 자신을 닮을 동물을 생각해본다.
- 자연물을 이용해 동물을 만든다.
- 동물들이 살 수 있는 공간인 동물원을 만든다.
- 동물원을 완성하고 전시한다.

확장활동
- 동물원을 견학하고 본 것을 그린다.
- 재활용품을 이용해 동물을 입체적으로 만든다.

유아 심리 Tip
- 다양한 매체를 활용한 활동을 통해 창의력을 키울 수 있다.
- 자신을 닮은 동물에 대한 이미지를 살펴본다.

작품사진

토끼와 곰

사랑 동물원

2) 자연물 모자이크

활동목표

- 모자이크의 특징을 이해한다.
- 또래와의 활동을 통해 공동체 의식을 기른다.

활동자료

모자이크 도안, 곡식(검은콩, 현미, 보리, 밀 옥수수), 하드보드지, 색연필, 사인펜 등

활동전개

- 유아별로 모자이크 도안을 제공한다.
- 모자이크 도안에 곡물을 붙인다.
- 도안을 하나의 그림으로 맞춰 본다.
- 어떤 그림이 나왔는지 확인한다.
- 색연필, 사인펜을 이용해 완성하고 제목을 정한다.

확장활동

- 다양한 재료를 이용해 모자이크 활동을 한다.
- 모자이크 명화를 살펴보면서 모자이크 방법의 특징을 안다.

유아 심리 Tip

- 공동작품을 통해 소속감을 느낄 수 있다.
- 성격이 급한 아동은 기다리기 힘들어할 수도 있으므로 집단 활동 시간을 정해주는 것도 좋다.

작품사진

밥을 많이 먹은 물고기

5 건강과 안전

1) 건강한 밥상 꾸미기

활동목표

- 건강한 음식은 우리 몸을 튼튼하게 한다는 것을 안다.
- 눈과 손의 협응력을 기르며 성취감을 느낀다.

활동자료

도화지, 잡지, 신문, 전단지, 색연필, 가위, 풀 등

활동전개

- 우리 몸을 튼튼하게 하기 위해 어떻게 해야 하는지 이야기 한다.
- 몸에 좋은 음식을 먹어야 함을 안다.
- 도화지에 식탁을 그린다.
- 잡지, 신문, 전단지에서 음식을 오려 식탁 위에 붙인다.
- 완성한 후 자신의 밥상을 발표한다.

확장활동

- 다양한 음식의 영양소를 살펴본다.
- 건강한 식재료를 이용해 요리활동을 한다.

유아 심리 Tip

- 자기표현에 어려움을 겪는 유아도 적극적으로 표현할 수 있다.
- 자신이 좋아하는 음식을 만들어 보며 내면 표출이 가능하다.

작품사진

2) 부채 만들기

활동목표

- 부채의 쓰임새와 필요성을 이해한다.
- 다양한 재료를 사용해 여러 가지 형태의 부채를 만든다.

활동자료

부채, 사인펜, 색연필, 클레이

활동전개

- 여름을 시원하게 보내기 위해서 필요한 것이 무엇이 있는지 이야기한다.
- 다양한 모양의 부채를 만든다.
  1. 색연필과 사인펜으로 색칠한다.
  2. 클레이로 꾸민다.
  3. 빨대로 먹을 불어 그린다.
- 자유롭게 꾸민 후 완성한다.

확장활동

- 바다를 주제로 한 비밀 그림을 그린다.
- 부채를 이용한 풍선 던지기 신체활동을 한다.

유아 심리 Tip

- 완성도 높은 활동으로 성취감을 느끼게 한다.
- 만들기를 하면서 집중력을 향상시킬 수 있다.

작품사진

6 생활도구

1) 가방 염색하기

활동목표

- 나만의 가방을 만든다.
- 천을 염색하는 방법이 여러 가지가 있음을 안다.

활동자료

무지 가방, 밑그림이 그려진 가방, 염색 물감, 염색 펜 등

활동전개

- 무지 또는 밑그림 가방을 선택한다.
- 자신만의 가방 디자인을 생각한다.
- 염색 물감이나 펜을 이용해 가방에 그림을 그린다.
- 만든 가방에 이름을 적는다.
- 자신에게 소중한 물건을 가방에 넣는다.

확장활동

- 꽃잎, 열매 등 즙이 있는 자연물을 이용해 천을 염색한다.
- 실로 손수건 천을 묶고 염색을 해서 무늬를 만든다.

유아 심리 Tip

- 유아의 현재 심리 상태를 파악한다.
- 자신에게 소중한 것들을 인식하고 아낀다.

작품사진

2) 연필꽂이 리폼하기

활동목표

- 연필꽂이의 쓰임새를 이해한다.
- 표현의 즐거움을 느낀다.

활동자료

연필꽂이, 점토, 한지, 매직 등

활동전개

- 연필꽂이의 쓰임새에 대해 이야기한다.
- 연필꽂이를 꾸민다.
  1. 연필꽂이에 한지를 붙인다.
  2. 연필꽂이를 클레이로 꾸민다.
- 매직을 이용해 꾸미고 연필꽂이를 완성한다.
- 자신이 만든 연필꽂이를 감상한다.

확장활동

- 연필꽂이를 만들고 편지와 함께 부모님께 선물한다.
- 재활용품을 이용해 연필꽂이를 만들어 본다.

유아 심리 Tip

- 자신의 마음을 긍정적으로 표현하게 한다.
- 활동 중 유아의 행동을 통해 성격을 파악할 수 있다.

작품사진

7 교통기관

1) 자동차 꾸미기

활동목표

- 다양한 재료를 이용해 자동차를 꾸민다.
- 자동차의 특성을 이해한다.

활동자료

도화지, 연필, 지우개, 색연필, 사인펜, 꾸미기 재료 등

활동전개

- 내가 타고 싶은 자동차를 생각해본다.
- 도화지에 자동차 도안을 그린다.
- 다양한 재료를 이용해 자동차를 꾸민다.
- 자동차에 이름을 정한다.
- 자동차를 타고 가고 싶은 곳을 발표한다.

확장활동

- 자신이 만든 자동차를 가지고 역할놀이를 한다.
- 자동차 박물관에 가서 다양한 자동차를 관찰한다.

유아 심리 Tip

- 자신이 가고 싶은 곳을 설명하며 내면 표출이 이루어지도록 한다.
- 유아의 심리적 욕구를 파악할 수 있다.

작품사진

내가 타고 싶은 자동차

2) 탈것 만들기

활동목표

- 탈것의 특징을 살펴보고 재활용품을 이용해 탈것을 만든다.
- 관찰력과 집중력을 기른다.

활동자료

다양한 재활용품, 매직, 꾸미기 재료, 글루건 등

활동전개

- 교통기관의 종류에 대해 관심을 가진다.
- 자신이 만들고 싶은 탈것을 정한다.
- 재활용품을 이용해 탈것을 만든다.
- 꾸미기 재료를 이용해 탈것을 꾸민다.
- 자신이 만든 탈것을 또래에게 소개하고 전시한다.

확장활동

- 교통 표지판을 만들어 보고 교통질서를 지키는 방법을 이해한다.
- 교통 안전교육 후 기차를 타고 야외학습을 간다.

유아 심리 Tip

- 주변에서 쉽게 구할 수 있는 재활용품을 사용해 친숙하고 편안한 분위기를 제공한다.
- 활동을 만드는 시간을 충분히 주어 작품을 완성한 후 성취감을 느끼게 한다.

작품사진

로켓

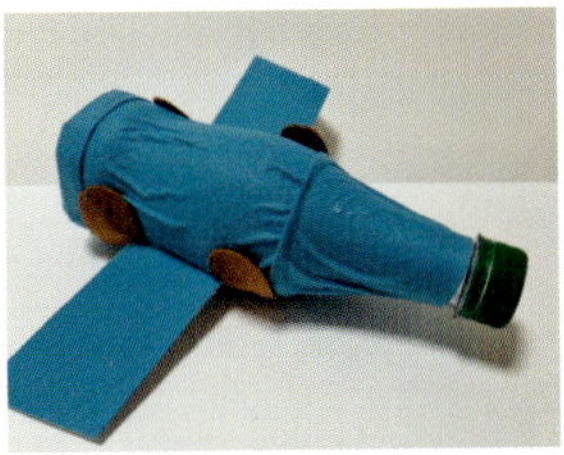
비행기

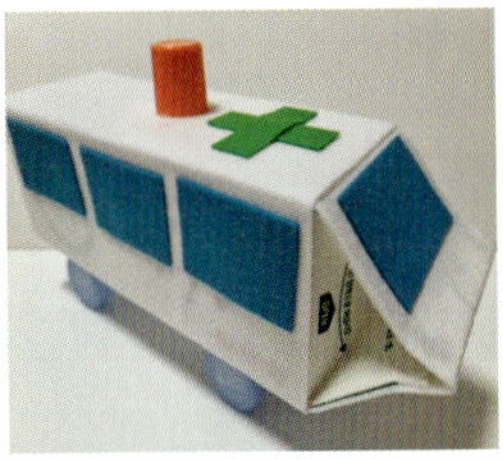
구급차

8 우리나라

1) 전통 문양 꾸미기

활동목표

- 우리나라 전통 무늬와 색을 관찰한다.
- 전통 문양에 대한 아름다움을 느낀다.

활동자료

전통 문양 도안, 펠트지, 목공풀, 가위 등

활동전개

- 전통 문양 무늬를 보여주고 관찰한다.
- 무늬와 색의 특징을 알아본다.
- 도안을 오린 뒤 펠트지 위에 겹친다.
- 색의 모양과 조화를 생각하며 완성한다.
- 완성한 전통 문양을 전시한다.

확장활동

- 일상생활에서 전통 문양을 찾아본다.
- 우리나라의 명화를 감상한다.

유아 심리 Tip

전통 문양을 잘 오리지 못하면 좌절할 수 있으므로, 좌절감을 느끼지 않도록 교사가 적절하게 개입한다.

작품사진

2) 태극기 모래 그림 그리기

활동목표

- 우리나라 상징인 태극기의 모양을 안다.
- 모래를 조절하며 집중력을 기른다.

활동자료

모래 그림 도안, 색 모래, 색연필, 사인펜 등

활동전개

- 태극기를 실물과 사진으로 관찰한다.
- 태극기의 색깔과 모양을 이해한다.
- 여러 색깔의 색 모래를 탐색한다.
- 모래 그림 도안에 모래를 뿌려 완성한다.
- 완성된 작품을 전시하고 관찰한다.

확장활동

- 우리나라를 상징하는 꽃과 애국가를 알아본다.
- 태극기를 게양하는 이유와 방법(날, 시간, 위치)을 이해한다.

유아 심리 Tip

- 유아는 모래를 직접 손으로 만져보며 정서적 안정감을 느낀다.
- 도안을 사용하면 완성도가 높아지기 때문에 성취감을 느낄 수 있다.

작품사진

우리나라 태극기

9 세계 여러 나라

1) 명화 재구성

활동목표

- 세계 여러 나라의 명화를 감상한다.
- 명화를 재구성하며 창의력을 기른다.

활동자료

명화, 도화지, 색지, 물감, 색연필, 사인펜 등

활동전개

- 명화를 감상한다.
- 명화를 따라 그린다(밑그림을 제공할 수도 있음).
- 물감, 색연필, 사인펜을 이용해 명화를 색칠한다.
- 자신이 만든 명화의 제목을 붙이고 벽에 전시하여 감상한다.

확장활동

- 명화가 전시된 전시회를 견학한다.
- 다양한 미술표현 방법을 이용해 명화를 재구성한다.

유아 심리 Tip

- 유아가 창의력을 기를 수 있다.
- 집중력을 향상시킨다.

작품사진

2) 세계 여러 나라의 전통의상 만들기

활동목표

- 세계 여러 나라의 전통의상을 사진으로 알아본다.
- 전통의상의 특징을 살려 나무 인형을 만든다.

활동자료

전통의상 나무 인형, 사인펜, 색연필, 매직 등

활동전개

- 세계 여러 나라 전통의상을 관찰한다.
- 만들고 싶은 나무 인형을 선택한다.
- 전통의상을 색칠한다.
- 자신이 만든 나무 인형의 나라와 의상을 설명한다.
- 모빌로 만들어 교실 안에 전시한다.

확장활동

- 여러 나라의 국기 사진을 보고 따라 그려본다.
- 세계 여러 나라의 건축물의 사진을 보고 입체적으로 만들어 본다.

유아 심리 Tip

- 자유롭게 표현할 수 있도록 돕는다.
- 스스로 하는 만들기 활동을 통해 자신감을 가진다.

작품사진

10 환경과 생활

1) 바닷속 만들기

활동목표

- 바닷속 환경 보호에 관심을 가진다.
- 점토를 만지며 편안함을 느낀다.

활동자료

지점토, 두꺼운 도화지, 투명 반구, 물감, 붓, 물통 등

활동전개

- 바닷속에는 어떤 생물이 있는지 관찰한다.
- 지점토로 바다 생물들을 만든다.
- 두꺼운 도화지 위에 올려놓고 서늘한 곳에서 말린다.
- 지점토가 마르면 물감으로 색칠한다.
- 투명 반구를 덮어 바닷속을 완성한다.

확장활동

- 아쿠아리움에 가서 바닷속을 관찰한다.
- 무지개 물고기 동화를 듣고 다양한 재료를 이용해 무지개 물고기를 만든다.

유아 심리 Tip

- 바닷속 생물을 만들고 꾸미는 과정을 통해 상상력과 창의력을 발달시킨다.
- 조절하기 힘든 매체인 물감으로 활동하며 자신을 조절하는 법을 배운다.

작품사진

2) 우주 그리기

활동목표

- 우주의 모습에 관심을 가진다.
- 사포에 우주를 그리면서 창의력을 기른다.

활동자료

사포, 크레파스 등

활동전개

- 우주와 관련된 사진을 보고 대화를 한다.
- 사포를 만져보고 촉감을 느낀다.
- 사포를 여러 장 모아서 그 위에 우주 그림 도안을 그린다.
- 각자 사포를 나눠 갖고 색칠한다.
- 하나의 그림으로 완성하고 제목을 정한다.

확장활동

- 재활용품을 이용해 우주선을 만든다.
- 별자리에 대해 이해하고 나의 별자리를 그려본다.

유아 심리 Tip

- 다양한 미술매체를 통해 작품을 만들어보며 흥미를 높이고 성취감을 느낀다.
- 집중력향상과 표현력을 강화시킨다.

작품사진

11 봄, 여름, 가을, 겨울

1) 바다 꾸미기

활동목표

- 모래와 조개껍데기를 만지면서 바다에 관심을 가진다.
- 공동작품을 완성하면서 성취감과 협동심을 기른다.

활동자료 모래, 조개껍데기, 소라껍데기, 하드보드지, 색연필, 사인펜 등

활동전개

- 바다에서 할 수 있는 놀이에 대해 이야기한다.
- 모래와 조개껍데기를 만진다.
- 하드보드지에 조개껍데기, 소라껍데기를 붙이고 바다를 꾸민다.
- 색연필과 사인펜을 이용해 그림을 그린다.
- 바다를 완성하고 전시한다.

확장활동

- 조개 목걸이를 만들어 본다.
- 문지를 찢어 바다를 만들고 신체활동을 한다.

유아 심리 Tip

- 자연친화적 소재로 흥미를 유발하고 심신을 이완한다.
- 공동 그림을 그리며 배려심을 기른다.

작품사진

2) 첫눈 오는 날

활동목표

- 계절의 변화를 표현할 수 있다.
- 눈과 연상되는 것을 다양하게 표현하면서 창의성을 기른다.

활동자료

도화지, 점토, 색연필, 사인펜, 물감 등

활동전개

- 눈이 왔을 때의 경험을 이야기한다.
- 재미있었던 장면을 떠올리며 그린다.
- 색연필과 물감 등을 이용해 색칠한다.
- 점토를 이용해 눈을 입체적으로 만든다.
- 작품을 전시하고 서로의 그림을 감상한다.

확장활동

- 실외활동으로 눈사람 만들기, 눈싸움을 한다.
- 크리스마스 장식을 만들고 트리를 꾸민다.

유아 심리 Tip

- 눈을 생각하면 떠오르는 이미지를 그려보고 현재의 감정을 안다.
- 유아의 긍정적, 부정적 심리를 파악할 수 있다.

작품사진

눈사람 만들기

눈싸움하는 날

활동해 봅시다

1. 주제별 활동을 탐색하고 실행해 봅시다.

2. 국가수준의 유아미술교육과 주제별 활동을 연계하여 연령에 맞는 프로그램을 구성하고 발표해 봅시다.

Chapter

13 멀티미디어를 활용한 미술활동

학습목표

1. 멀티미디어를 활용한 활동을 이해하고 설명할 수 있다.
2. 다양한 멀티미디어 재료를 유아미술교육에 활용할 수 있다.

1 디지털 디바이스를 활용한 미술활동

1) 타이포그래피로 이름 로고 만들기

활동목표

- 컴퓨터로 타자를 칠 수 있다.
- 프린트된 글씨를 이용해서 이름 로고를 만들 수 있다.

활동자료

- 컴퓨터, 워드나 한글 등 타자 프로그램, 프린터(A4용지 포함)
- 가위, 풀, 색종이, 크레파스, 색연필 등

활동전개

- 교사가 유아에게 컴퓨터로 타자를 쓸 수 있는 간단한 기능 지도를 한다.
- 교사의 설명을 주의 깊게 들으며 기능을 익힌다.
- 다양한 글씨체와 크기를 활용해서 유아의 이름을 여러 번 작성한다.

- 완성된 글씨들을 프린트한다.
- 프린트된 글씨들을 모양대로 가위로 오린다.
- 여러 가지 조합으로 종이에 붙여 이름을 완성한다.
- 크레파스와 색연필, 색종이 등으로 꾸며준다.

확장활동 좋아하는 단어나 가족의 이름으로도 로고를 만들어본다.

활동사진

2) 디지털 정물화 그리기

활동목표

- 드로잉 없이 색의 조합과 표현을 통해 모자이크 그림을 완성한다.
- 종이를 자유롭게 오리고 찢으며 스트레스를 해소할 수 있다.

활동자료

- 태블릿 PC, 사진 앱(색 변화를 위한 애플리케이션), 프린터(A4용지 포함)
- 가위, 풀, 색종이, 도화지

활동전개

- 색종이를 자유롭게 오리거나 찢는다.
- 작업한 색종이를 사진 촬영한다.
- 촬영된 이미지를 사진 앱을 통해 자유롭게 색 변화를 주며 이미지를 편집한다.
- 편집된 이미지를 출력한다.
- 출력된 이미지를 자유롭게 오리거나 찢어 도화지에 붙여서 모자이크 그림을 완성한다.

확장활동

완성된 모자이크 그림을 보며 사물을 설명하고 새로운 이야기를 만든다.

활동사진

3) 디지털 자화상

활동목표

- 디지털 기능을 이용한 자화상을 그린다.
- 사진 필터 기능을 통해 여러 가지 필터로 자기 얼굴을 표현해 볼 수 있다.

활동자료

- 핸드폰 또는 태블릿 PC, 사진 앱(필터 사용), 프린터(A4용지 포함)
- 가위, 풀, 색종이, 도화지

활동전개

- 유아의 얼굴을 촬영한다.
- 촬영한 사진을 사진 앱을 통해 각각 다른 색 필터를 적용한다. (4종류 이상)
- 필터를 적용한 사진들을 출력한다.
- 출력된 사진들을 얼굴 부위별로 오린다.
- 자른 사진들을 자유롭게 붙여 얼굴을 완성한다.

확장활동

자화상 외에 다른 동물이나 사물도 촬영해 응용할 수 있다.

활동사진

4) 태블릿으로 그림 그리기+온라인 전시(블로그, 카페 및 SNS)

활동목표

- 태블릿으로 그림을 완성할 수 있다.
- 온라인 전시를 통해 자신의 그림을 공개할 수 있게 한다.

활동자료

태블릿 PC, 태블릿 펜

활동전개

- 교사가 유아에게 태블릿 그림 앱으로 그릴 수 있는 간단한 드로잉 기능 지도를 한다.
- 교사의 설명을 주의 깊게 들으며 기능을 익힌다.
- 최대한 다양한 기능들을 사용해가며 태블릿 그림 앱에서 드로잉을 해본다.
- 교사는 완성된 유아의 작품을 블로그나 카페를 통해 전시한다.

확장활동

- 동화나 이야기를 듣고 장면을 그린다.
- 자기를 주인공으로 한 캐릭터를 그려본다.

활동사진

5) 내 그림 꾸미기

활동목표

사진 앱에 있는 다양한 스티커와 필터를 응용해 사진이나 그림을 꾸밀 수 있다.

활동자료

- 핸드폰 또는 태블릿 PC, 사진 앱(스티커와 필터 사용)
- 스케치북, 크레파스, 색연필

활동전개

- 도화지에 크레파스와 색연필을 이용하여 자유롭게 그림을 그린다.
- 완성된 그림을 촬영한다.
- 사진 앱에 있는 스티커와 필터 기능을 이용해 내 그림을 더 꾸며본다.

확장활동

- 사진 앱에는 없는 스티커의 디자인을 해볼 수 있다.
- 그림에 자신 없는 유아는 사진을 촬영해 꾸며본다.

활동사진

6) 스티커를 활용한 가랜드 만들기

활동목표

- 태블릿으로 그림을 완성할 수 있다.
- 나만의 그림으로 스티커를 완성할 수 있다.

활동자료

- 태블릿 PC, 태블릿 펜, 프린터(A4용지 포함)
- 가위, 풀, 색종이, 도화지

활동전개

- 교사가 유아에게 태블릿 앱으로 그릴 수 있는 간단한 드로잉 기능 지도를 한다.
- 교사의 설명을 주의 깊게 들으며 기능을 익힌다.
- 최대한 다양한 기능들을 사용해가며 사물이나 캐릭터 위주로 태블릿 드로잉을 해본다.
- 완성된 그림들을 스티커 용지로 프린트한다.
- 프린트된 스티커를 모양대로 가위로 오린다.
- 완성된 스티커를 여러 곳에 붙여본다.

확장활동

- 자기를 주인공으로 한 캐릭터를 그려본다.
- 자기를 대표할 수 있는 로고를 만들어본다.

활동사진

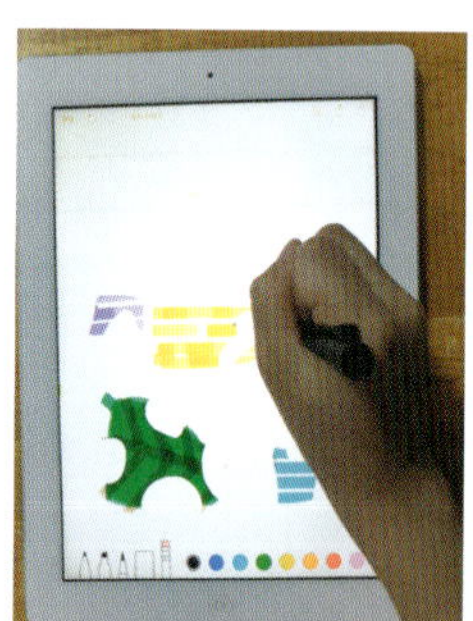

2 3D 펜을 활용한 미술활동

1) 동물 친구 만들기

활동목표

- 동물 자료를 보고 동물의 다양한 모습을 드로잉한다.
- 3D 펜을 사용해 2D 드로잉을 3D로 옮길 수 있게 한다.
- 온라인 전시를 통해 자신의 그림을 공개할 수 있게 한다.

활동자료

- 3D 펜, 핸드폰 또는 태블릿 PC
- 색연필, 연필, 도화지, 나무젓가락

활동전개

- 핸드폰이나 태블릿 PC로 원하는 동불 이미지를 검색한다.
- 이미지를 참고해 동물의 다양한 모습을 연필로 드로잉한다.
- 완성된 드로잉 이미지를 ㅗ대로 3D 펜으로 따라 그린다.
- 뒷면에 나무젓가락을 붙여준다.
- 3D 완성품을 사진 촬영한다.
- 교사는 완성된 유아의 작품을 블로그나 카페를 통해 전시한다.

확장활동

- 동물의 이미지를 합쳐서 가상의 동물을 디자인해본다.
- 드로잉이 힘든 학생은 사진을 프린트해서 3D 펜으로 따라 그린다.

활동사진

2) 3D 주사위 만들기

활동목표

- 3D 펜을 이용해 입체의 모형을 만들어본다.
- 온라인 전시를 통해 자신의 그림을 공개할 수 있게 한다.

활동자료

- 3D 펜, 태블릿 PC, 프린터, A4용지
- 연필, 색연필, 도화지, 주사위 도안

활동전개

- 교사는 핸드폰이나 태블릿 PC로 정육면체 전개도 이미지를 검색해서 출력해준다.
- 이미지를 참고해 정육면체 전개도를 종이에 드로잉한다.
- 완성된 드로잉 이미지를 그대로 3D 펜으로 따라 그린다.
- 3D로 그린 전개도를 접어 정육면체 도형을 완성한다.
- 3D 완성품을 사진 촬영한다.
- 교사는 완성된 유아의 작품을 블로그나 카페를 통해 전시한다.

확장활동

- 정육면체를 응용해서 건물이나 주사위 등을 디자인해본다.
- 정육면체를 여러 개 만들어서 조합해본다.

활동사진

3) 파티 안경 만들기

활동목표 3D 펜을 이용해 실제로 착용할 수 있는 파티 안경을 만들 수 있다.

활동자료
- 3D 펜, 태블릿 PC, 프린터, A4용지
- 연필, 색연필, 도화지, 파티 안경 도안

활동전개
- 교사는 핸드폰이나 태블릿 PC로 파티 안경 전개도 이미지를 검색해서 출력해준다.
- 이미지를 참고해 파티 안경 전개도를 종이에 드로잉한다.
- 완성된 드로잉 이미지를 그대로 3D 펜으로 따라 그린다.
- 3D로 그린 전개도를 접어 파티 안경 도형을 완성한다.
- 3D 완성품을 사진 촬영한다.
- 교사는 완성된 유아의 작품을 블로그나 카페, SNS를 통해 전시한다.

확장활동 컵이나 그릇, 공 등 여러 가지 사물을 응용해 모형을 제작해본다.

활동사진

활동해 봅시다

1. 멀티미디어를 활용한 활동을 탐색하고 실행해 봅시다.

2. 멀티미디어를 활용한 창의적인 유아미술 결과물을 도출하고 실행 방안을 제시해 봅시다.

참고문헌

강민정, 이명자(2003). 유아의 규칙 발견의 발달적 변화. **교육심리연구, 17**(3), 203-223.

교육부, 보건복지부(2019). **2019 개정 누리과정 해설서**. 세종: 교육부, 보건복지부.

김래미(2015). 유아교사의 미술교수방법과 미술교수효능감 및 미술교육 실제. 광주대학교 대학원 석사학위논문.

김미경, 최영해, 장은희, 이혜정(2015). **아동미술교육**. 경기: 파워북.

김삼랑(2000). **미술교육개론**. 서울: 미진사.

김수연(2015). 오감발달을 위한 영아미술교육 프로그램에 관한 연구. 수원대학교 대학원 석사학위논문.

김 정(1998). **미술교육학원론**. 서울: 예경.

김지영(2011). 만 3, 4, 5세 유아의 그리기 표현의 특성에 대한 연구. 중앙대학교 대학원 석사학위논문.

김지현(2019). 동화를 활용한 만들기 활동이 유아의 공간능력에 미치는 효과. 숙명여자대학교 교육대학원 석사학위논문.

김현자, 서지영, 홍은주, 오지영, 조득현(2013). **활동중심 아동미술**. 서울: 창지사.

민혜영, 유은석, 임경령(2020). **예비유아교사를 위한 유아미술교육**. 경기: 지식공동체.

박문주(2019). 플립드 러닝(Flipped Learning)을 적용한 공공미술 감상교육 수업모형 연구. 단국대학교 교육대학원 석사학위논문.

박정애 역(1996). **미술교육의 역사**. 서울: 예경.

백중열, 오현숙(2006). **아동미술교육의 이해**. 서울: 공동체.

보건복지부(2020). 보건복지부 고시 제2020-75호에 따른 제4차 어린이집 표준보육과정 해설서. 세종: 보건복지부.

서소정(2006). 유아의 친사회적 행동에 관한 연구: 유아의 요구전략, 언어발달, 어머니의 친사회성에 관련된 양육신념 및 사회화전략을 중심으로. **열린유아교육연구, 11**(4), 287-310.

서울교대미술교육연구회(2010). **미술교육학**. 경기: 교육과학사.

서울대학교교육연구소(1995). **교육학용어사전**. 하우동설.

서 윤, 현은령(2020). 미술활동 공간 사례분석을 통한 유아대상 미술교육 환경개선 공간모델 제안 -전도식기 유아 미술 활동 공간을 중심으로-. **한국디자인문화학회지, 26**(1), 221-231.

손혜경(2016). 유아를 위한 자연물 미술교육 프로그램 개발 및 적용 효과. 중부대학교 대학원 박사학위논문.

신수진(2019). 미술 치료적 접근에 기반한 유아미술교육 프로그램 개발 및 효과. 중앙대학교 대학원 박사학위논문.

심성경, 백영애, 이영희, 변길희, 박주희(2018). **영유아미술교육**. 경기: 공동체.

안상화(2020). 자연물 표상을 통한 유아미술교육 프로그램 개발 및 효과. 전남대학교 대학원 박사학위논문.

안정숙(2007). 유아교육기관의 창의성 교육에 대한 실태 조사연구. **창의력교육연구**, 7(2), 1-17.

오종숙(1997). **유아미술교육의 이론과 실제**. 서울: 양서원.

우혜진(2012). 유아의 사회적 합의 능력 증진 프로그램의 구성 및 적용 효과. 중앙대학교 대학원 박사학위논문.

유구종(2016). 미래사회 유아교육환경과 매체의 변화. **한국어린이미디어학회 학술대회지**, 43-57.

유수영(2008). 유아미술교육 환경에 대한 소고-레지오 미술 공간 이해를 중심으로-. **한국아동미술학회지, 7**(-), 41-59.

이경혜(2019). 유아예술통합교육 프로그램 개발 및 효과 연구. 한국교원대학교 대학원. 박사학위논문.

이동국(2019). 미래학교의 교수학습 지원을 위한 공간 설계 방향 탐색. **교육시설, 26**(5), 26-31.

이미옥(2009). **아동미술교육**. 경기: 양서원

이민영(2019). 개정 누리과정에 따른 유아미술교육을 위한 놀이의 의미. **한국디자인리서치학회, 4**(4), 64-73.

이소은, 권기남(2020). **아동미술**. 경기: 양서원.

이수경(2017). **아동미술교육**. 경기: 양서원.

이숙재, 이봉선, 김경란(2002). **유아미술교육**. 서울:창지사.

이은영(2017). 설치미술활동이 유아의 창의성 증진에 미치는 영향. **유아교육연구, 37**(2), 189-213.

이은영, 전유영(2020). 유아 · 놀이 중심 미술교육에 대한 유치원 교사의 반성적 성찰 및 인식. **인문사회21, 11**(6), 3099-3114.

이정욱, 임수진(2012). **탐색·표현·감상의 통합적 유아미술교육**. 서울: 정민사.

이정욱, 임수진(2017). **탐색·표현·감상의 통합적 유아미술교육 제3판**. 경기: 정민사.

이희선, 노지영, 박옥주, 전숙희(2020). **놀이중심 영유아 미술교육**. 경기: 어가.

임지수(2017). 조형 요소 중심의 통합적 미술 활동이 유아의 미술 성향에 미치는 영향. **영유아교육: 이론과 실천, 2**(1), 23-45.

전경원(1999). **유아 종합 창의성 검사**. 서울: 학지사.

지성애, 박찬옥, 유구종, 조형숙(2010). 우리나라 유아 미술교육 현황과 실태 분석. **유아교육학논집, 14**(6), 5-34.

최기득 역(1996). **소묘**. 서울: 미진사.

최윤재(1993). 로웬펠드와 아이스너의 미술교육 사상 및 방법론에 관한 비교 연구. 석사학위논문. 한국교원대학교 대학원.

표준국어대사전(2021). 개방성.

한국미술교과교육학회(1999). **유아미술 교육학**. 서울: 학문사.

한국초등미술교육학회(1997). **초등미술과 교육학**. 경기: 교육과학사.

함영숙(2014). 전통미술과 자연의 미적요소에 기초한 유아미술교육 프로그램 개발 및 효과. 성신여자대학교 대학교 박사학위논문.

황선숙, 이혜숙, 고영옥(2017). 그림책을 활용한 미술표상활동이 발달지체 유아의 표현 언어에 미치는 효과. **통합교육연구, 12**(1), 75-97.

황수무(2003). **교사를 위한 유아미술교육**. 서울: 형설.

황해익, 송연숙, 손원경(2002). 유치원 수준별 교육과정 평가도구 개발 연구. **열린유아교육연구**. 7(2), 315-334.

Arnheim, R.(1954). *Art and Visual Perception*, Los, Berkely: University of California Press.

Arnheim, R.(1969). *Visual Thiking, Berkeley*, Los Angels, University of California Press.

Arnheim, R.(1974). *Art and Visual Perception*. 김춘열 역 (1996). **미술과 시지각**. 서울 : 미진사.

Arnheim, R.(1992). *To the recue of art*. Berkeley: University of California Press.

Bames, R.(1987). *Teaching Art to Young Children 4-9*. Allen & Unwin,

Bromley, K. D.(1991). *Webbing with literature; Creating story map with children's books*. A Division of Simon and Schuster. Inc.

Dewey, J.(1938). *Experience & Education*. London, Collier-Macmillan.

Dewey, J.(1988). *Kunst als Erfahrung*(Frankfurt), pp. 209-238.

Eisner, E. W.(1972). *Education artisic vision*. NY: MaCmillan Publishing Co. Inc.

Eisner, E. W.(1972). *Educating artistic vision*. 서울교육대학교 미술교육연구회 역(2003). **새로운 눈으로 보는 미술교육**. 서울 : 도서출판 예경

Eisner, E. W.(1991). What the Arts Taught Me about Education, Art Education, N.A.E.A., 9.

Eisner, E. W.(1995). **새로운 눈으로 보는 미술**(Educating artistic vision). 서울교육대학교 미술교육연구회역. 서울: 예경.

Feldman, E. B.(1970). *Becoming human through art*. Englewood Cliffs, NJ : Prentice-Hall

Freud, A.(1926). *The ego and mechanisms of defense*. NY: International Universities Press.

Frost, J. L., & Kissinger, J. B.(1976). *the young child and the educative process*. New York: Holt, Rinehart and winston.

Gardner, H.(1979). Children's art: Nadia's Challenge. *Psychology Today, 13*(4), 18-23.

Goodenough, F.(1926). *Measurement of intelligence by drawings*. MY: Harcourt, Brace, & World.

Herberholz, B., & Hanson, L.(1995). *Early childhood art*. LA: Wm. C. Brown Publishers.

Jalongo, M. R., & Stamp, L. N. (1997). *The arts in children's lives: Aesthetic education in Early childhood*. Boston: Allyn & Bacon.

Katz, L. G., & Chard, S. C.(2000). *Engaging children's minds: The project approach*(2nd ed.). Stamford, CT: Ablex.

Kellogg, R.(1969). *Analying children's art*. Palo Alto, CA: Mayfield.

Koster, J, B.(2001). *Growing artists: Teaching art to young children*. Albany. NY:Delmar Publishers.

Lowenfeld, V.(1947). *Creative and mental growth*. NY: Macmillan.

Lowenfeld, V., & Brittain, W. L. (1975). *Creative and mental growth*(6th ed.). NY: Macmillan.

Maysky, M.(1998). *Creative activities for young children*. Publishers Inc.

Piaget, J.(1959). *Judgment and reasoning in the child*. Patterson, NJ: Littlefield, Adams.

Schirrmacher, R.(2014). *Art and creative development for young children* (8th ed). Albany, NY: Delmar Publishers Inc.

Seefeldt, C.(1980). *Social studies for the preschool-Primary Child*. Columbus, Ohio: Merill.

Smith, P. J.(1982). Lowenfeld in a Germanic Perspective. *Art Education*, N.A.E.A.,11.

Stockmeyer, Karl(1991). *Rudolf Steiner's Curriculum for Waldorf Schools*. Stourbridge: The Robinswood Press.

웹사이트

www.worldcat.org

검색어 : 도나텔로. https://en.wikipedia.org/wiki/Donatello

검색어 : 뒤샹의 샘, 네이버 미술백과. https://terms.naver.com/entry.naver?docId=974904&cid=46720&categoryId=46868

검색어 : 듀이. https://en.wikipedia.org/wiki/Herbert_Read

검색어 : 로웬펠트. https://terms.naver.com/entry.naver?docId=5676517&cid=62841&categoryId=62841

검색어 : 루돌프 아른하임. https://en.wikipedia.org/wiki/Rudolf_Arnheim

검색어 : 르네상스 미술. 두산백과 : https://terms.naver.com/entry.naver?docId=1089265&cid=40942&categoryId=33048

검색어 : 마사초. https://en.wikipedia.org/wiki/Masaccio

검색어 : 맥피. https://sites.google.com/site/visualcultureae/who

검색어 : 선사미술, 출처: 미술대사전(용어편). https://terms.naver.com/entry.naver?docId=261538&cid=42635&categoryId=42635

검색어 : 슈타이너. https://en.wikipedia.org/wiki/Rudolf_Steiner

검색어 : 아이스너. https://en.wikipedia.org/wiki/Elliot_Eisner

검색어 : 플로렌스 구디너프.
https://en.wikipedia.org/wiki/Florence_Goodenough

검색어 : 필리포 브루넬레스키.
https://en.wikipedia.org/wiki/Filippo_Brunelleschi

검색어 : 허버트 리드. https://en.wikipedia.org/wiki/Herbert_Read

검색어 : 허버트 리드. https://en.wikipedia.org/wiki/Herbert_Read

남자의 누드 - 이탈리아의 화가 미켈란젤로의 작품. 시스티나 예배당의 "천지창조"를 위한 소묘작품이다. 출처: corel, https://terms.naver.com/entry.naver?docId=1113825&cid=40942&categoryId=33050

저/자/소/개

김정희

현 총신대학교 유아교육과 교수
가톨릭대학교 대학원 이학박사(아동가족학 전공)

이용주

현 경동대학교 유아교육과 교수
서울여자대학교 대학원 문학박사(유아교육 전공)

김정열

현 총신대학교 호크마교양교육원 교수
한양대학교 대학원 디자인학박사(시각디자인 전공)

송 영

현 총신대학교 호크마교양교육원 겸임교수
총신대학교 대학원 철학박사(기독교유아교육 전공)

2019 개정 누리과정에 기초한
유아미술교육

초판 1쇄 인쇄 / 2021년 8월 25일
초판 1쇄 발행 / 2021년 9월 1일

공저자 / 김정희 · 이용주 · 김정열 · 송 영
발행인 / 이 중 수
발행처 / 동 문 사

서울특별시 서대문구 홍제원 1길 12
(홍제동 137-8)
Tel : 02)736-3718(대), 736-3710, 3720
Fax : 02)736-3719
등록번호 : 1974.04.27. 제9-17호
가격 : 21,000원

ISBN : 979-11-6328-324-9 (93370)
E-mail : dong736@naver.com
www.dongmunsa.com